男孩穷养　女孩富养

NANHAI QIONGYANG　NÜHAI FUYANG

春之霖　田　萍　王艳明◎编著

光明日报出版社

图书在版编目（CIP）数据

男孩穷养　女孩富养 / 春之霖，田萍，王艳明编著 . -- 北京：光明日报出版社，2013.4（2019.5 重印）
ISBN 978-7-5112-4547-2

Ⅰ. ①男… Ⅱ. ①春… ②田… ③王… Ⅲ. ①家庭教育 Ⅳ. ① G78

中国版本图书馆 CIP 数据核字（2013）第 082345 号

男孩穷养　女孩富养
NANHAI QIONGYANG NÜHAI FUYANG

编　　著：春之霖　田　萍　王艳明

责任编辑：靳鹤琼　　责任校对：王腾达
封面设计：青蓝工作室　　责任印制：曹　诤

出版发行：光明日报出版社
地　　址：北京市西城区永安路 106 号，100050
电　　话：010-67022197（咨询），67078870（发行），67019571（邮购）
传　　真：010-67078227，67078255
网　　址：http://book.gmw.cn
E - mail：lijuan@gmw.cn
法律顾问：北京德恒律师事务所龚柳方律师

印　　刷：三河市燕春印务有限公司
装　　订：三河市燕春印务有限公司
本书如有破损、缺页、装订错误，请与本社联系调换，电话：010-67019571

开　　本：145mm × 215mm　　印　　张：12
字　　数：110 千字
版　　次：2013 年 4 月第 1 版
印　　次：2019 年 5 月第 3 次印刷
书　　号：ISBN 978-7-5112-4547-2

定　　价：29.80 元

前　言

从来富贵多淑女，自古纨绔少伟男。自古以来，“穷养儿子富养女”就是中国父母养儿育女的“金科玉律”，其中包含着朴素而深刻的人生智慧，其道理可以很容易地从中国传统上男孩和女孩将来要在社会上承担的角色来解释。

男孩将来所承受的社会责任和压力都比较大，在家庭中，男人更是顶梁柱。要成为一个真正的男人，这一生不知要承受多少磨难、冷眼、屈辱和挫折。古人说，天将降大任于斯人也，必先苦其心志，劳其筋骨，饿其体肤，如此才能修身齐家治国平天下。所以无论家境多好，对男孩绝对不能宠，必须“穷”着养，让他吃得苦中苦，从吃苦中使他的意志得到磨炼，培养其艰苦朴素、吃苦耐劳的作风，仁义孝道的思想，让他从小就明白生活的艰辛。如此，将来方可顶天立地，担负起家庭和社会的重任。

“富养女孩”更是中国历来已久的传统，中国传统上称女孩为“千金”，正包含着富养的意味，过去大户人家的女儿，养在深闺，从小学习琴棋书画、诗词歌赋，知书达理，而且上得厅堂，下得厨房，何等优秀。在现代社会，富养女孩就是说女儿要精细地养，不能像养男孩那样粗放，在家庭经济条件许可的前提下，尽可能地满足女儿对物质的需求，让她享受公主般的待遇，要从小宠她、爱她。当然“富养”并不仅仅是给她提供富裕的物质生活，而更应该是一种精神和教育上的富足，要培养她高雅的气质和大家闺秀的涵养，培养她的自信心，使她的审美观、生活品位从小就达到某一个高度。

男孩穷养二十载，宝剑出炉；女孩富养二十年，芙蓉出水。男孩和女孩的养育是不能一视同仁的。

现代科学研究也证明，“穷养儿子富养女”的传统育儿理念是深具科学道理的。男孩和女孩在生理上存在着很大的差异，染色体、大脑结构以及荷尔蒙的不同决定了男孩与女孩本质上的差别。男孩与女孩的大脑，无论是化学组织还是结构组织，先天就存在很多差异，比如，男孩大脑的发育速度明显慢于女孩大脑的发育速度。另外，男孩和女孩大脑结构上的一个明显差别是：男孩大脑的左右半球之间的联系要少于女孩的。在许多情况下，这些差异影响了男孩、女孩对环境的反应方式，以及因应压力事件的方式与记忆。此外，现代心理学研究也发现，男孩和女孩在心理和个性上也存在着先天差异。女孩总是比男孩会说话，而男孩的动手能力要超过女孩……这些无不说明男孩和女孩天生就是不同的。而“男孩穷养，女孩富养”的教育方法正切合了男孩与女孩的先天差异，有利于他们的后天成长。

本书紧密结合中国特定的社会文化，详尽阐述了男孩和女孩不能“混养”的理论依据，旗帜鲜明地提出了“男孩穷养，女孩富养”这一最适合中国社会文化的育儿模式，是一部从理论到实践，从方法到技巧全方位系统阐释“男孩穷养，女孩富养”育儿理念的图书，帮助广大望子成龙、望女成凤的中国父母在尊重孩子性别差异的基础上，更有针对性地教育自己的子女，培养出符合社会要求的优秀的孩子。

目 录

下篇　富养出最完美的女孩

上篇
穷养出了不起的男孩

男孩要穿男孩的衣服，男孩也要接受属于男孩的教育。现代社会需要有阳刚之气、有能力、有责任心的男孩，父母也希望自己的男孩成为社会精英、未来领袖，那就要对男孩进行“穷养”，帮他们打造领袖的气质和核心竞争力，培养他们的优秀品格。用孟子的话来说：“天将降大任于斯人也，必先苦其心志，劳其筋骨，饿其体肤，空乏其身……所以动心忍性，曾益其所不能。”

第一章 受“穷”而知奋进
——今天的男孩更需要“穷”养

富裕的生活容易毁了儿子

很多父母热衷于为孩子创造最好的物质条件，而不是教给他们自力更生的能力。《易经》中讲：“积财伤道。”古代有智慧的父母从来都不会给孩子留下财富，担心他们会坐吃山空，会丧失谋生的能力。这样的做法，是为孩子的一世着想。聪明的父母会把谋生的本领传授给孩子，“一技在身，胜过家财万贯”。

父母给孩子最好的礼物，不应该是限量版的耐克或芭比娃娃，比有形的财富更重要的是在保护中让他前进尝试环境。用金钱来奖励，其实是扼杀了孩子的尝试机会，让一切想要的东西都变得简单、唾手可得。他们就失去了支配自己的生活、教育自己、锻炼自己的能力和意识。

民国时期，曾国藩的外孙聂云台先生，写了一本书叫《保富法》，因为当时聂先生长期居住在上海，就留心观察了一下上海的有钱人。在他的书中，介绍了一个周姓的商人，他是开钱庄的，很有钱，并且在各地有很多的分店。有一次由于某地发生了灾祸，当地这个分店的主管拿出了500两银子用于赈灾，这位周先生知道了之后把主管骂得狗血喷头，其吝啬的程度可见一斑。周先生对旁人讲："我之所以有这么多的钱，方法只有一个，就是聚财，不散财。"

周姓商人到他临终的时候，他的财产已经达到了3000万大洋。他有10个子孙，每人分了300万。后来聂云台先生就观察周家的这10个后代，在短短的数年中，所有的子孙都把钱败光了，把钱都挥霍掉了，甚至有人上街乞讨。

教育点：和男孩商定零花钱的数目

现在的男孩都是家里的"小皇帝"，有爷爷奶奶亲、父母疼。因此，男孩手中的零钱多了，大手大脚花钱的现象也随之增多。有的家长每天拿钱给男孩打电子游戏机，少则几元，多则几十元。小孩手中的零钱数额越来越大，某些男孩还产生了攀比心理，谁的零钱数额大，谁就是"大王"，于是无钱者就硬缠着家长要。如果这么小的男孩就对金钱有强烈的占有欲，那么势必会引导他们兴趣转移，而常常想着要钱，摸大人口袋，这对男孩的成长极为不利，甚至可能导致男孩走上犯罪道路。注意观察，会发现周围的男孩的金钱观错误，跟风、追求高消费的比比皆是。

李昂刚下班，儿子就贴了上来："老爸，给我买个折叠的手机吧？"

李昂有点吃惊："你的手机不是去年新买的吗？"

儿子撇嘴道："老土了吧您，现在的直板手机谁还敢拿出来啊？今年最流行翻盖能拍照的。"

李昂的儿子今年才16岁，穿的用的却样样讲究名牌。若父母不满足他的要求，他就会赌气不吃饭，不上学，也不和父母说话。

这样的情景相信很多高中生家长都或多或少的经历过。家长们无奈叹息之余，可能都会感慨，男孩越大越能花钱了，而且他们花钱不心疼的劲头完全可以用“一掷千金”来形容。

现在，我国的许多家庭物质条件好了，又只有一个男孩，所以家长一门心思地想让男孩尽量过得舒服些，男孩要什么就给什么，口袋里零花钱不断，如今随便从一个男孩的身上掏出50元、100元，不是什么稀奇事。男孩手里钱多了，家长应该感到欣慰，因为这毕竟是人们生活水平提高的一种体现。但是男孩手里的钱多了，也令人担忧。据报道，我国大城市中有95%的男孩有吃零食的习惯，32%的男孩用零花钱进“三室二厅”，还有的男孩(特别是城市男孩)之间攀比穿戴，不惜重金购买高档服装，互送贵重礼物的现象日趋严重。个别男孩用零花钱吸烟、酗酒、赌博，邀集“兄弟哥们儿”为自己撑腰。

因此，和儿子商定零花钱的数目有着很大的学问。

1. 零用钱要给得适当

数额要适当，要根据家庭经济状况和男孩的合理需要统筹考虑。一般以够支付男孩合理的开支为限，不宜多给，也不宜少给。多给，容易养成男孩大手大脚的习惯，使男孩不知钱来之不易，不珍惜父母用血汗换来的金钱；少给，又不能满足男孩正常合理的需要，弄得不好，还可能引发男孩私自拿钱或偷窃行为。

2. 时间要适宜

零用钱可以选在一个有纪念意义的日子开始给，如小孩上学的第一天等，告诉男孩这笔钱的用处，并使他懂得自己在家庭中的地位和责任，之后可以定期发给。根据男孩的年龄，对不同阶段的儿童零用钱发给的数目与时间可以不同。

3. 零用钱的数额必须适合男孩的不同身心发展阶段和生活范围

男孩入小学就可以给零用钱，低年级时男孩的活动范围和特点，一般以自己为主，因此只考虑男孩本身的需要；而到了高年级，男孩的思想范围和活动范围逐渐扩大到亲属、邻居、朋友，花销也就相应地增加。究竟给多少合适呢？这需要认真调查研究，考虑到家庭收入、当地经济生活水平和物价等各种因素，总的原则是比男孩所需数额稍低一些为佳，定期发给较合适，1个月1～4次。其原因是：如果男孩要多少给多少，想买啥就买啥，一切都能随心所欲，男孩就不会懂得金钱的价值和财富的宝贵。反过来，自己的愿望得不到满足时，男孩就会感觉到钱不能乱花，东西也不能乱扔，开始领悟到钱应该省着点儿花，动脑筋少花钱多办事，或者为了买到自己喜欢的东西而积攒零用钱。

4. 让男孩从小体验到因没钱或钱不足而买不到自己迫不及待想要的东西而感到惋惜和无可奈何的情绪

这种情绪使人不容易忘却，很长时间都会影响着人。这不仅使男孩进一步认识到金钱的价值和重要性，而且还能对想象力起着催化剂的作用，为追求更有价值的和美好的东西进行设计、策划，增长智慧。

从小一帆风顺，造成“蛋壳心理”

据说在日本的北部生存着一种狐狸，当母狐狸生下幼崽后，狐狸家庭的生活是充满温馨和幸福的。但当狐狸崽儿刚开始蹒跚学步，狐狸父母便迫不及待地教它们如何捕猎食物，再稍大一点后，狐狸父母便狠心地把小狐狸咬走，逐出家门。当怀恋家庭温暖的小狐狸又偷偷地回家时，狐狸父母便会毫不嘴软地再咬，哪怕咬得鲜血淋漓，伤痕累累，也绝不容许它们返回家门。狐狸们深知，小狐狸不可能靠大狐狸养一生，在激烈的生存竞争中，只有学会高强的生存本领，长大才会潇洒自如地生存下去，而高强的生存本领则只能靠自己从小锻炼才成。

狐狸的教子方法无疑是很聪明的，大狐狸狠心地把小狐狸咬出家门，让小狐狸在吃苦中成长，久而久之，锻炼出了小狐狸较强的生存能力。中国人常言："庭院里训不出千里马。"为了孩子能成为千里马，家长千万别把"小马驹"圈在庭院里保守地"饲养"，而应该让他们冲出庭院。

在现代的家庭教育中，父母要让男孩们知道，他们面临的是一个处处充满竞争的社会，"物竞天择，适者生存""优胜劣汰"将是普遍现象，未经锻炼的翅膀难以搏击人生的风雨，难以在未来的竞争中取胜。父母要认识到，想让男孩在竞争中立于不败之地，必须对男孩进行挫折教育，让他们自小接受艰难困苦的磨炼，教会他们敢于面对挫折，不怕失败，以培养他们坚韧不拔的意志和毅力。经过在逆境中千锤百炼成长起来的男孩才能更具生存竞争力，这也是父母应为男孩尽到的义务和责任。

人的生活并非都是一帆风顺的，在我们的生命中总是充满着这样或那样的困难和问题。但是我们应该让男孩明白，在逆境中开放的花是更美的，就像冰山上的雪莲那样的纯洁、美丽！所以我们要让男孩相信：挫折和困难正是给予他们的试金石，它淘汰懦弱无能者，使坚强者更懂得人生，懂得如何去完善自己，也获得更多的经验和教训。

逆境能让男孩获得更好的成长机会。从一个人成长的一般规律看，顺境可以出人才，但是逆境、挫折的情境更容易磨砺意志，逆境也可出人才。在逆境中经过挫折千锤百炼成长起来的人更具有生存力和更强的竞争力。因为逆境中奋斗的人既有失败的教训又有成功的经验，更趋成熟。他们能把挫折看成一种财富，深谙只有失败才可能成功，成功是建立在失败的基础上的，因此更具有笑对挫折、迎难而上的风范。

"宝剑锋从磨砺出，梅花香自苦寒来！"男孩在逆境中成长是一笔财富！但是我们要引导男孩面对逆境挫折时要有一种积极乐观的心态。

当男孩可以直面挫折，保持用乐观的心态生活时，他们的精神、灵魂、美德都从这种愉悦的心情中得到滋润，尽管烦恼和不安时时吞噬着这种美好的心情，各种挫折和磨难会一点一滴地消耗它，但这如清泉甘露般的美丽心情永远不会枯竭，而是历久弥坚直至永远。

教育点：让男孩保持乐观心态

让男孩保持乐观的心态，微笑着面对生活是很必要的。调查显示：开朗乐观的人和其他人相比不仅更为健康，而且生活的幸福指数会更高，事业上更容易获得成功。家长在生活中应该如何引导男孩乐观的生活，乐观地面对生活的各种挫折呢？还必须注意以下几条原则。

1. 要朝好的方向想

有时，男孩变得焦躁不安是由于碰到自己所无法控制的局面。此时，你应该让他们承认现实，然后设法创造条件，使之向着有利的方向转化。此外，还可以引导男孩把思路转移到别的事情上，诸如回忆一段令人愉快的往事。

2. 对男孩不要过于挑剔

大凡乐观的人往往是“憨厚”的人，而愁容满面的人，又总是那些不够宽容的人。他们看不惯社会上的一切，希望人世间的一切都符合自己的理想模式，这才感到顺心。因此尽量让男孩避免挑剔的恶习。挑剔的人常给自己戴上是非分明的桂冠，其实是在消极地干涉他人的人格。怨恨、挑剔、干涉是心理软弱的表现。

3. 偶尔也要屈服

当男孩遇到重创时，往往变得浮躁、悲观。但是，浮躁、悲观是无济于事的。我们要告诉男孩不如冷静地承认发生的一切，放弃生活中已成为他们负担的东西，终止不能取得的活动，并重新设计新的生活。大丈夫能屈能伸，只要不是原则问题，不必过分固执。

4. 不要对男孩控制过严

男孩到了不同的年龄段，应该给予他适当的选择权。让男孩可以充分为自己的生活做主，比如，午餐可以吃什么，上街要穿什么样的衣服，假日选择到哪里去玩，要选择什么样的玩具……只有从小就享有“民主权”的男孩，才会感到充分的快乐自在。

5. 鼓励男孩与人融洽相处，多交朋友

与人融洽相处有助于培养男孩快乐的性格。家长可以多带男孩接触不同年龄、不同性别和不同社会地位的人。此外，家长还应该与他人融洽地相处，热情待客，真诚待人，帮助男孩树立良好的榜样。如果男孩性格内向，家长更应该鼓励男孩多交朋友，可以让男孩变得更加开朗、乐观。

6. 让男孩的兴趣爱好广泛

一个孩子如果没有一些业余的爱好，就难免会觉得生活无聊。试想，一个爱看电视的男孩，如果当天晚上没有合适的电视节目可以看，那么他就会郁郁寡欢。如果男孩的兴趣爱好广泛，他可能不仅是个书迷，还有可能热衷体育活动、喜欢饲养小动物或者参加话剧表演，他的生活怎么可能不会丰富多彩呢？他肯定每一天都生活得充实快乐。

全能的父母，夺走了男孩成长的机会

被喂养惯了的动物接受放养时，通常自己不会捕食。大自然的生存法则告诉我们：动物如果学不会自己捕食的话，就会被饿死。同样的道理，在父母的庇护下长大的孩子通常没有在社会独自生存的能力。一旦父母因为一些原因无法顾及他们，他们就只能被社会淘汰。

可现实情况却让我们颇为沮丧。据天津市少工委对1500名中小学生的调查，其中51%的学生长期由家长整理生活用品和学习用具；有4%的学生在生活和学习上离开父母就束手无策；只有13%的学生偶尔做些简单家务，情况实在令人担忧。

由于现在独生子女居多，几代人的关心与爱护都集中在一个孩子身上，我们家长会为孩子们铺路——替他穿衣，替他系鞋带，替他安排工作，替他迎接挑战，一次，两次，一百次……所以孩子们在家里凡事不肯自己动手。这些孩子长大后依赖心理严重，凡事不想自己动脑筋，遇到事情首先就想到找人帮忙，而且这样的孩子惯于推卸责任，将来势必不为社会接受。

对儿童心理和脑力开发研究造诣颇深的日本杰出教育家多湖辉认为：增强孩子能力的最好办法，就是使父母成为“教育的实践者”。父母不仅要了解孩子独特的心理动态，而且应该针对不同孩子的个性特征，不断地在生活和学习实践中摸索了解教育孩子的方法。而要求孩子帮助多做家务，这对于孩子来说，会起到比课堂更有效的学习效果。因为这不但可以提高他们动手实践的能力，而且孩子在实际动手中必须学会安排计划，这就促使孩子将家务活与学习时间调剂好，在做不同家务的同时，培养了孩子的耐性和身体素质。

我国著名教育学家陈鹤琴先生曾说过：“凡儿童自己能够做到的，应该让他自己做；凡儿童自己能够想的，应该让他自己去想。”这是一句符合成长规律的至理名言。其实，要让孩子脱离对别人的依赖，独立地发展和锻炼自己，扔掉拐杖，走出成长的误区，并不是一件非常困难的事情。

有人说，中国孩子很累，中国父母更累。每个做父母的都希望自己的儿子“成龙”，他们给孩子倾注了全身心的爱，事无巨细都替孩子着想，恨不得一切包办代替，就像有的母亲所说：“我一颗心都扑在孩子身上，可以说现在所做的一切都是为了孩子；只要孩子将来有出息，再苦再累我都愿意。”因为他们只有一个孩子，不想让孩子“输在起跑线上”……于是，家长们从孩子一出生就开始为他们设计好了人生。不幸的是，作为传承性很强的家庭教育，今天的父母并没有太多可以借鉴的经验。在这种情况下，父母为孩子设计好的人生计划，很有可能是自以为是的规划。孩子在成长的过程中，只能沿着这条道路前进，不能有“非分”之想。还总是以“我是为你好”自居，让孩子觉得不听从安排就是“不知好歹”。

教育点一：不要给男孩过度的保护

著名的教育工作者孙云晓说："中国的父母正在辛辛苦苦地酝酿着孩子的悲剧命运，争分夺秒地制造着孩子的成长苦难。实际上，我们的父母在和自己作战，用自己的奋斗来击毁自己的目标。"作为家长，诚然我们不希望看到这样的结果，那么应该怎样做才是正确的呢？

1. 做力所能及的事情，培养孩子动手的习惯

家长不可能照顾孩子们一辈子，因此从小就应该让他学做一些力所能及的事情，比如洗衣服，收拾文具，帮父母拖地、洗碗等。只有从小事做起，才能逐渐培养起独立自主的精神。

2. 给孩子犯错误的机会，锻炼孩子的自立能力

要避免对孩子过度的保护，我们首先应该充分尊重孩子的想法和意愿，放手让孩子自己拿主意。如果我们对孩子过度保护，因为怕孩子犯错，就一味地为他铺垫一切，事事领着孩子的手，那么他永远都不可能长大。

鲁迅先生曾说："子女是即我非我的人，但既已分立，也便是人类中的人。因为即我，所以更应该尽教育的义务，教给他们自立的能力；因为非我，所以也应同时解放，全部为他们自己所有，成为一个独立的人。"鲁迅先生的话正表达了这样一种现代儿童观——子女，是我的孩子，又不完全等同于我，他从母体出来后，已与母体分开，成了人类中的一个独立的人。因为还是我的孩子，作为父母就有教育他的义务，而这种教育主要是教给他自立的能力；因为他不等同于我，所以要解放孩子，使他们完全成为独立的人。

教育点二：给男孩自主的空间

数年前，美国大学的学生们被各种规章制度束缚着，一言一行都受到关注，好像他们是无力管理自己的小孩子。有些学校当局像对待小偷一样对待他们，甚至派出“校园间谍”跟踪他们，监视他们的行踪。学生们被强迫参加各种祈祷会和礼拜活动，如果哪一次活动缺席，就会被记录在案。为了应付点名，他们常常编织各种谎言，想方设法为自己的开小差找借口。总之，他们就像无力控制自己的行为，不会调理自己的生活一样，得不到学校的信任。结果就会出现这样的情况，一旦他们脱离监视和控制，就会抛掉一切约束，像脱缰的野马一样，极度放纵自己。长期的压制使他们不再珍视自由，而是把自由当成放纵自己的大好机会。

后来，在校长艾略特的领导下，当哈佛大学决定对学生充分放权，给他们自由发展的空间时，哈佛大学曾受到来自社会各界的强烈批评。当哈佛大学宣布，对参加唱诗班和做礼拜不做强制性规定时，学生家长们更是惊恐万状，害怕自己的孩子会走向堕落，直至不可救药。但是艾略特却不这么认为。根据他的观察和研究，在严格监督管理下的学生无法形成良好的性格，也不会有一个健壮的身体。他苦心劝慰那些不安的父母，废除强制性的管理措施只是为了充分发挥孩子的全方位素质，他和同事们也是尽力这么做的。他指出：为了让学生能健康成长，必须把他们人性当中最优秀的因素激发出来，相信他们能自己管理自己，相信他们有很好的自控能力和强烈的荣誉感。在走出校门时，不但拥有一张货真价实的文凭，还拥有良好的综合素质。如果缺乏自信和创造力，就无法做到在激烈的竞争中游刃有余，从容不迫。

哈佛大学倡导的自由式教育得到了美国教育部的肯定，并在全国大力推广。今天，在美国这所最有名望的大学校园里，废除了许多陈旧的规章制度，让学生充分感受到了自由。

得到自由的学生能够很好地管理自己。事实证明，学生们反而更具独立品格，更遵守秩序，也更加健康。虽然现在哈佛大学的学生增加了几十倍，但是犯罪和被开除出院的比率，却比艾略特进行改革之前低得多。这是最好的例证。

同样的道理，如果父母要想把自己的孩子培养成为生活的强者，就应该多给他们一些自由的空间。让他们有自己的理想和愿望，有自己的思想和独立思考的权利，不要让孩子成为别人怎么想，孩子就要怎么做的盲从的产物，更不要让孩子成为代替父母实现未尽理想的工具。

第二章 穷养有方法
——穷养孩子并不是“放养”

穷则奋起——男孩的魄力从苦难中来

一位已经上了大学的男孩，喜欢吃鱼，但不“喜欢”择刺儿。据说他妈妈“喜欢”择刺儿，而“不喜欢”吃鱼。于是他们母子多年来就成了理想的“搭档”。后来，男孩到了一个盛产鱼的国度。他从那里回信说，正是妈妈的“喜欢”帮助，几乎剥夺了他维生的“技术”。

爱默生说：“坐在舒适软垫上的人容易睡去。”一个人坐在健身房里让别人替自己练习，是永远无法增强自己肌肉的力量的。

惯于依赖的孩子遇事首先想到别人，追随别人，求助别人，没有自信心，不敢相信自己，不敢自行主张，不能自己决断，在家中依赖父母，日后在外面宁愿依赖同事、依赖上司，也不愿自己创造，不敢表现自己，害怕独立。这都意味着人格还没有趋于成熟和健全。

心理学的研究把人分为两种类型：内控型和外控型。内控型的人常常这样描述自己：“我身上发生的事很大程度上取决于我自己做出的决定和付出的努力。当我无法改变事情的时候，我仍然可以决定以何种方式来应对。”外控型的人经常会这样说:“我的快乐和痛苦不是我能决定的，这取决于别人或取决于命运。”换句话说，内控型的人相信自己，并会通过努力和负责的行动，改变自己的命运；外控型的人认为人是不能改变自己的命运与境遇的，因而他们是被他人、外界或命运摆布的弱者。

把孩子放在可以依靠父母或是可以指望帮助的地方是非常危险的。在一个可以触到底的浅水处是无法学会游泳的，而在一个很深的水域里，孩子会学得更快更好。当他无后路可退时，他就会安全地抵达河岸。依赖性强、好逸恶劳是每个人与生俱来的本能，而只有把孩子逼到“迫不得已”的形势下才能激发他们身上的最大潜力，只有让孩子完全抛弃可以依赖的“拐杖”，勇于去走自己的道路，才能真正自立自强。

一家大公司的老板曾说，他准备让自己的儿子先到另一家企业里工作，让他在那里锻炼锻炼，吃吃苦头。他不想让儿子一开始就和自己在一起，因为他担心儿子在他的大树荫下，被他遮住了阳光，从而难以成为栋梁。在这方面，华人富豪李嘉诚做得很好。他曾让自己的儿子李泽钜和李泽楷两兄弟到外国人的咨询公司打过工，磨炼他们独立的精神，他的用心得到了实际的回报。李泽钜后来担起了家族发展的重担，而李泽楷也拥有了新的事业，和父亲并驾齐驱，一同奋战商海。

这些具有远见的家长知道，在父亲的溺爱和庇护下，想什么时候来就什么时候来，想什么时候走就什么时候走的孩子很难会有大的出息。只有自立精神能给人以力量与自信，只有依靠自己才能培养成就感和做事能力。

教育点：让男孩坦然面对挫折

有这样一则寓言：两只青蛙在觅食中，不小心掉进了路边一只牛奶罐里，牛奶罐里还有为数不多的牛奶，但是足以让青蛙们体验到什么叫灭顶之灾。

一只青蛙想：完了，全完了，这么高的一只牛奶罐啊，我是永远也出不去了。于是，它很快就沉了下去。

另一只青蛙在看见同伴沉没于牛奶中时，并没有沮丧，而是不断告诫自己："上天给了我坚强的意志和发达的肌肉，我一定能够跳出去。"它每时每刻都鼓起勇气，鼓足力量，一次又一次奋起、跳跃——生命的力量与美展现在它每一次搏击与奋斗里。

不知过了多久，它突然发现脚下黏稠的牛奶变得坚实起来。原来，它的反复践踏和跳动，已经把液状的牛奶变成了奶酪！不懈地奋斗和挣扎终于换来了自由的那一刻。它从牛奶罐里轻盈地跳了出来，重新回到绿色的池塘里，而那一只沉没的青蛙就留在了那块奶酪里，它做梦都没有想到会有机会逃出险境。

有时候我们的人生也会遭遇青蛙的境遇，很多突如其来的挫折或困难会阻挡我们前进的脚步。但是有的人却成功了，是因为他们能够坚强地面对；而有的人失败了，是因为他们面对困难一蹶不振，失去了继续拼搏的勇气。伟大的发明家爱迪生说过，厄运对乐观的人无可奈何，面对厄运和打击，乐观的人总会勇敢地迎接挫折！因此，我们要告诉孩子，跌倒了不要怕，勇敢地站起来就能看到一片艳阳天！在日常生活中，我们也要不断地锻炼孩子的勇气！在锻炼孩子勇气方面，英国人的做法是值得家长们学习的。

曾经有这样的事情：英国西南部的瓦伊河畔，有一所由少年探险组织建立的河流探险训练中心，专门为孩子们提供进行探险活动的机会，以训练他们的勇气和坚强的意志。

在那里，孩子们每天一早就来到河边，由专门的人负责教他们游泳和划船。训练是艰苦而紧张的，每一次练习都有孩子落水，也有人受伤。在激流中拼搏，需要具有坚强的意志和勇气。孩子们在这里不仅学习了划船等技术，更重要的是锻炼了他们的意志，培养了勇敢的精神，同时也懂得了互敬互爱和团结合作。

在英国很多地方都有类似的活动，目的不是让孩子学习某种技巧，而是锻炼孩子的意志和勇敢精神，为他们以后的工作和生活做好各方面的准备。

在家庭教育中，英国人的这种做法是值得提倡和推广的。锻炼孩子的勇气，首先要求父母是勇敢的人。如果父母自身就对困难或对带有一些危险的活动感到害怕，那么这样的父母培养出来的孩子就不可能有勇敢的精神。有些父母仅仅是为孩子的安危担忧而牺牲给孩子锻炼的机会。事实上，这样做是很自私的，也是很懦弱的表现，因为这些父母更多地是为了保护自己的感情不受到万一可能发生的危险所带来的伤害。

穷则无畏——男人需要“狠”一点

美国西点军校有一个久远的传统，遇到学长或军官问话，新生只能有四种回答：

"报告长官，是！"

"报告长官，不是！"

"报告长官，没有任何借口！"

"报告长官，不知道。"

除此之外，不能多说一个字。比如学长问："你认为你的皮鞋这样就算擦亮了吗？"你的第一个反应肯定是为自己辩解："报告长官，刚才排队时有人不小心踩到了我。"但是不行，这不在那四个"标准答案"里，所以你只能回答："报告学长，不是。"学长要问为什么，你最后只能答："报告学长，没有任何借口。"

如果军官派一个新生去完成一项任务，而且限定在一定时间内完成。这项任务完全可能会因种种原因而不能按时完成，但军官只要结果，根本不会听你长篇大论地解释为何完不成任务。"没有任何借口"迫使这位新生只有把握每一分每一秒去争取完成任务，根本无暇为完不成任务找借口。

也许我们认为西点军校的校规有些过于苛刻，但是它能够存在必然有存在的道理。学校之所以这样规定，就是要让新生学会忍受压力，学会恪尽职责，明白表现不达标是"没有任何借口"的。

我们必须告诉自己的孩子，在面对困难的时候不要找任何借口。

借口是做不成事、做错事的挡箭牌，是敷衍别人、原谅自己的护身符，是孩子掩饰弱点、逃避责任的百验灵丹。借口掩盖了过失，推卸了责任，使孩子心理暂时平衡，但长此以往，便是大事做不了，小事做不好，最终一事无成。

做家长的要引导孩子正确地认识自己，正确对待成功与失败，只为成功找方法，不为失败找借口。对于过去的失败抱着正确的态度，分析原因，找出不足，进行弥补。客观、合理地制定自己的目标，并为生活中的成功和失败找出原因。这样孩子不为任何事情找借口的习惯一旦养成，他们将会受益终生！

教育点：对男孩严而有格，严而有度

在我们现在的家庭中，一般情况下男孩和母亲在一起的时间大大多于和父亲相处的时间，母亲在男孩的早期家庭教育中扮演着很重要的角色。可是有的母亲爱子心切，常常过度地溺爱自己的孩子，往往是男孩主宰着家长的一切。

儿童教育学家和幼教工作者普遍认为：对孩子应当宽严相济。该严的时候严，父母才能在孩子面前树立起应有的威信；该宽的时候宽，孩子才能够不被束缚，收到良好的教育效果。父母应该怎样对男孩进行家庭教育呢？

1. 对男孩宽而有度

对于男孩无理的要求，父母要果断拒绝。比如孩子看到其他小朋友的汽车模型很漂亮，非要让父母也给他买一个；吃饭的时候看到自己喜欢吃的东西就拿到自己面前，不给其他人吃；吵着闹着非要在吃饭的时候吃冰激凌。家长只要答应了孩子无理的要求，就必然失去了自己的威信。

2. 对男孩严而有度

在父母管教过严的家庭环境下长大的孩子，往往性格懦弱、没有主见、遇事慌张。家长过度限制孩子的自由，处处指责，也会影响他们自身各方面能力的提高，限制孩子的发展。

3. 对男孩的严加管教要讲究方法

当孩子做错事情的时候，比如逃学、不交作业、打骂同学，父母千万不要一味地打骂孩子，粗鲁的管教方式往往只能收到适得其反的效果。

4. 男孩的人格独立平等

在良好的家庭环境中，家长和孩子的人格应保持平等，父母不应该因孩子年纪小而漠视他在家中的地位。平等是营造良好的家庭氛围的前提。父母、子女任何一方的优越感都会对其他家庭成员造成心理压力，使双方产生心理隔阂。

穷则能忍——使男孩更好地适应社会

一个研究《塔木德》的犹太学者，刚刚结束他的学习生涯，到艾黎扎拉比那里，请求给他写封推荐信。

“我的孩子，”拉比对他说，“你必须面对严酷的现实。如果你想写作充满知识的书，你就必须像小贩那样，带着坛坛罐罐，挨门挨户地兜售，忍饥挨饿直到40岁。”

“那我到40岁以后会怎么样？”年轻的学者满怀希望地问。

艾黎扎拉比笑了：“到了40岁以后，你就会很习惯这一切了。”

这一则小故事流传于犹太人之间，他们用这样的故事教育后代苦难是不可避免的。苦难教育对一个人的一生影响深远，很多人总是逃避苦难，不愿意去品尝，但要知道，只有经历苦难，才能从苦难中汲取动力和能量，只有真正懂得苦难的含义，才能品出苦难赋予他的甜。

对于苦难，任何人都会有一种不由自主想要逃避的心理。殊不知，经历了苦难之后的生活才能更甜。所以，教给孩子品尝苦难的本领，他才能够明白究竟什么才是真正的甜。

父母要让孩子自小接受艰难困苦的磨炼，教会他们敢于面对挫折，不怕失败，以培养他们坚韧不拔的意志和毅力。经过在逆境中千锤百炼成长起来的孩子才能更具生存竞争力，这也是父母应为孩子尽到的义务和责任。

让孩子的心理经得起挫败，关键就是要他能“缩小”自己，不要有唯我独尊的意识，在看问题的时候能够从别人的角度来看，那么他就不会轻易被一件小事情打败了。

然而，现在的很多家庭，家长舍不得孩子吃苦。他们动辄“宝贝宝贝”地叫着，恨不得为孩子做一切。在这样的教育下，孩子好吃懒做、娇气任性，还缺乏责任心、感恩心。站在孩子的角度想一想：很多事情没有经历，不知道生活还有不如意的一面；很多东西从来都是像天上掉下来的一样容易，不需要费一点心力。这个时候，他怎么有机会、有能力去承担生活给他的各种考验呢？

现在的孩子，尤其是那些家境优越的孩子，他们从来没有认真努力过，总认为一切都不用愁，自有父母安排。这样的孩子就是缺乏危机的意识，相信当真正的困难来临的时候，他们会被彻底打败。在任何情况之下都保持着高度的警惕，才能更好地掌握自己的命运。

有这样一个实验：科学家把一只青蛙放在滚热的油锅旁边，在快到油面的时候，那只青蛙竟然跳离了油锅；可是，当把这只青蛙放进盛满水的锅里时，下面再放火煮，水越来越热，青蛙却已离不开锅，最后被煮死了。

给男孩进行苦难教育，男孩才能真正强大。如何培养男孩的危机意识呢？可以有以下几种方法。

（1）家长不用担心给孩子的物质条件不够或者觉得自己孩子穿的吃的比不上别的孩子，应当明确告诉孩子：家里条件没他想象得好，父母挣钱不容易。如果希望得到更好的东西，就要通过自己的努力来实现。

（2）在培养孩子危机意识的过程中，不应该一味地批评和限制，当孩子有一些进步时，比如懂得节俭了，父母也应当不失时机地加以表彰和鼓励。

（3）要使孩子的危机意识成为一种思考习惯。在孩子小时候，就告诉他：不努力马上就会有危机，你立刻就会得不到你想要的好东西。先让他在脑子里形成这种条件反射和好的习惯。当他慢慢长大时，再不断地向他灌输奋斗、进取的意义。

教育点：培养男孩的成就欲

经常有成就感的男孩能够在将来更好地实现自己的人生目标。父母都希望自己的男孩在将来能够出人头地，那么如何培养男孩的成就感呢？可以从下面的几个方面开始。

1. 建立起良好的亲子关系

良好的亲子关系是提升孩子成就动机的大前提。孩子敬重和认同父母，这样能够充分发挥家长的影响力，家长正确的价值观对孩子的成就欲也有着间接的鼓励。

2. 丰富孩子健全的情绪体验

脑生理学家指出：支配创造欲望的区域与支配情感的区域，同在大脑“新皮质”的额叶。这正是与动物本质不同之所在。人有两片额叶，动物没有。只有人才会产生动物远不能比拟的复杂欲望和感情。因此，要发展孩子的成就欲，必须丰富孩子的情绪体验，使他们成为情感丰富、健全的人。

3. 要尊重孩子的独立性

孩子在独立做事情的时候会体验到各种情感，这种体验会反过来激发他们做事情的欲望和兴趣。在他们的努力下，事情成功时，心情与在别人帮助或强迫下成功是大不一样的，巨大的喜悦会激起争取取得更大成功的欲望，相反，失败了也会使他们产生出不屈不挠的精神。

4. 要创造条件让孩子尽早取得成功

成功欲是在一次次取得成功的基础上发展起来的。因此，无论孩子学什么、做什么，都要为之创造条件，耐心引导。切忌冷嘲热讽，伤害孩子。

5. 适时地给予正面回馈

适时的鼓励和支持能成为激发孩子成功的动力。回馈可以用具体明确的言语表达，也可选择孩子感兴趣的方式。

6. 鼓励孩子涉足新的领域，敢于尝试没有做过的事情

家长习惯于责怪孩子的冒险行为："太危险了！""那可不能去！"禁令和责备对孩子十分有害。兴趣的萌芽、新奇的体验受到摧残。额叶因得不到足够的刺激而发展不起来，孩子会变成一个缺乏欲望的人。

7. 要帮助孩子不断总结经验教训

事后家长可以帮助孩子想想哪些地方存在不足，如果重新做时应怎样改进会做得更好，使孩子的聪明才智和成就欲得到更好的发挥。

穷养男孩——不抛弃，不放弃

俗话说，心有多大，舞台就有多大。梦想决定着人生的成就，而在每个男孩的内心深处，都有一个属于自己的梦想。父母在教育男孩的时候，所要做的就是要鼓励男孩向着目标前进，而不是轻易打碎男孩的梦想。

一位成功人士回忆他的经历时颇有感慨地说："小学六年级的时候，我考试得了全班第一名。出于奖励，老师送我一本世界地图，我真的特别高兴和兴奋，跑回家就开始认真地看这本世界地图。很不幸，那天轮到我为家人烧洗澡水。于是，我就一边烧水，一边在灶边看地图，看到一张埃及地图，想到埃及一定是一个令人向往的神秘世界。埃及有金字塔，有埃及艳后，有尼罗河，有法老王，还有很多令人着迷的东西。心想长大以后有机会我一定要去埃及，去体味一下那里的神奇和美妙。

"正当我看得入神的时候，妈妈突然进来怒气冲冲地跟我说：'你在干什么？'我猛地抬头一看，原来是妈妈，我理直气壮地说：'我在看地图！'妈妈很生气，说：'火都熄了，看什么地图！'我继续有恃无恐地大声说：'我在看埃及的地图。'我父亲跑过来'啪、啪'给了我两个耳光，然后愤怒地说：'赶快生火！看什么埃及地图。'打完后，还踢我屁股一脚，把我踢到火炉旁边，用很严肃的表情跟我讲：'我向你保证！你这辈子都不可能到那么遥远的地方去！赶快生火吧！整天想入非非，你以为想怎么样就能怎么样呀？'

“我当时看着爸爸，呆住了，心想：‘他怎么给我这么奇怪的保证？真的吗？我这一生真的不可能去埃及吗？’他的保证一直萦绕在我的耳边，伴随着我成长。但是，我从来没有放弃过去埃及的梦想。20年后，我第一次出国就去了埃及。我的朋友都问我：‘到埃及干什么？’那时候还没开放观光，出国是很难的。我说：‘因为我的生命不要被保证。’于是，我自己跑到埃及旅行。

“有一天，我坐在金字塔前面的台阶上，寄了张明信片给妈妈。我这样写道：‘亲爱的妈妈，我现在在埃及的金字塔前面给你写信，记得小时候，你们打我两个耳光，还踢我一脚，保证我不能到这么远的地方来，现在我就坐在这里——埃及金字塔前面给你写信。’写的时候感触颇深。我妈妈收到明信片时跟我爸爸说：‘哦！这是哪一次打的，怎么那么有效？一脚踢到埃及去了。’”

孩子小时候往往会有一些稀奇古怪的梦想，比如长出一对天使般的翅膀、长出一只犀牛那样的犄角，或者是自己有三条腿，能够跑起来更快……这个时候，妈妈千万不能因为孩子的想法光怪陆离就嘲笑打击他们：“宝贝，你的梦想永远也不可能实现。”“宝贝，你能想点儿实际的梦想吗？”

作为孩子有自己的梦想是很难得的，父母在家庭教育中一定不要像上面故事讲到的家长那样，扼杀孩子的梦。我们要小心翼翼地呵护孩子的梦想，为他们的梦想护航。

教育点：通过积极暗示帮助男孩树立自信

心理学家告诉我们：家长若以正面的信念期望孩子能成为什么，将来孩子就会成为什么。家长对孩子的期待与评价经常会在日常生活中有意无意地显现出来。积极正面的期待会使孩子感受到爱与支持，从而充满自信，生气蓬勃；相反，负面的、消极的评价会使孩子失去信心与发展机会。

暗示会产生非同一般的效果，有人曾经做过一个实验：由两位水平相当的教师分别给两组学生教授相同的内容。所不同的是，其中一位教师被告知："你很幸运，你的学生天资聪颖。然而，值得提醒的是，正因为如此，他们才试图捉弄你。他们中有的人很懒，并将要求你少布置作业。别听他们的话，只要你给他们布置作业，他们就能完成。你也不必担心题目太难。如果你帮助他们树立信心，同时倾注真诚的爱，他们将可能解决最棘手的问题。"

另一位教师则被告知："你的学生智力一般，他们既不太聪明也不太笨，他们具有一般的智商和能力，所以我们期待着一般的结果。"在该学年年底，实验结果表明，"聪明"组学生比"一般"组学生在学习成绩上要好得多。

其实，在被试者中根本没有所谓"聪明"的学生，两组被试的全都是一般学生，唯一的区别就在于教师对学生的认知不同，导致了对他们的期望心理也不同，从而以不同的方式对待他们。其中一位教师把这些一般的学生看作天才儿童，因而就把他们作为天才儿童来施教，并期望他们像天才儿童一样出色地完成作业。正是这种特殊的对待方式，使得一般学生有了突出的进步。

父母在日常生活中应该多给孩子一点积极的心理暗示，无论是一句肯定的言语，还是在关键时刻的大力支持，孩子都会感受到来自心底的力量。经常这样去做，你会看到孩子越来越出色的表现。

在这个过程中，家长还可以从以下方面来做。

1. 不要试图让孩子怕自己

在生活中真的有这样的家长，为了使孩子容易管教，故意让孩子怕自己，这样做的后果非常不好，极容易使孩子形成懦弱的性格，会把孩子造就成一个失败者。一个怯懦者想在这个社会中获得成功是非常困难的。如果孩子和你顶嘴，你应该感到高兴，因为那意味着他长大了。因此，面对顶嘴的孩子，应保持风度、保持冷静，千万不要轻易发火动怒，加剧双方的抵触情绪，要善于倾听孩子的意见，耐心听孩子把心中的观点讲出来，然后，分析一下孩子说的是否有道理，变顶嘴为讨论、探讨。如果孩子是正确的，就应该给予肯定和鼓励。有些事情孩子是无理取闹，家长也可坚持自己的观点，但应该将心比心，耐心听完孩子的意见后，讲明道理，真正说服他。

2. 不要让孩子常说一些“懦夫用语”

还有一点要注意：不可让孩子说懦夫们常常用的词语，如“不能做”。常受这样的暗示，孩子决不会成为有出息的人，所以为了对孩子灌输进取、勇敢的精神，最好给他们讲述伟大人物善于忍耐的故事。

3. 不要包办孩子的事情

多数父母把孩子视为心肝，认为他还小，这也不能做，那也不能干，一切都包办代替。结果使多数孩子对自己的能力缺乏信心。

综上所述，想要培养一个自信的孩子，家长一定要在日常生活中给孩子以积极正面的暗示，树立他们的自信，这样，孩子才能够有勇气去战胜成长路上那些数不清的困难。

第三章 穷则无畏
——饱经挫折的男孩最有出息

经历风雨，才能见到彩虹

惠施和庄子都是魏王的好朋友。一天，魏王分别送给他俩一些大葫芦的种子，对他俩说:“你们把这些种子拿去种在地里，会结出很大的葫芦。比比看，你俩究竟谁种的葫芦大，到时候我还有奖赏。”

惠施和庄子都高兴地领受了，并去种在地里。

为了能种出比庄子更大的葫芦，惠施非常用心，而且每天都施肥、除草。庄子的葫芦就种在不远的地方，但他从不施肥、除草，只是到时候来看看，见没有什么异常，就做别的事去了。

没过多久，惠施的葫芦苗一棵一棵地相继死去，最后，一棵也没成活。而庄子的葫芦苗却长得格外好，慢慢地，都开花结了果，而且，正如魏王所说的那样，长出的葫芦都很大。惠施觉得很奇怪，就跑来请教庄子:“先生，为什么我那么用心地栽培，所有的苗都死光了，而您从来都不曾好好地管理，它反而长得那么好呢？”

庄子笑着答道："你错了，其实我也是在用心管理的，只不过与你的方法不同罢了。"

"那你用的是什么方法呢？"

"自然之法呀！你没见我到时候也要去地里转转吗！我是去看看葫芦苗在地里是不是快乐，如果它们都很快乐，我当然就不用去管它们啦。而你却不管它们的感受，拼命地施肥，哪有不死之理啊？"

"这么说来，还是我害了它们？"

"就是啊！你的用心是好的，可是你不用自然之法，怎么可能得到自然万物的拥戴呢？"

惠施恍然大悟。

这个故事对当今的家庭教育会有所启迪。在孩子成长的道路上，存在着一个非常温柔的陷阱。这是那些过分庇护孩子的父母亲自挖掘的，掉进陷阱里的孩子，由于被剥夺了犯错误和改正错误的机会，从而也失去了长大成人的权利。

保护孩子是父母的天性，没一个父母不对孩子倾注着满腔的热爱。没有父母的保护，孩子是很难长大成人的。然而，过度的保护则没有益处，只会使孩子变得软弱无能，缺乏自主性和独立性。

据报载，一名8岁的小男孩，仅仅因为一次在回家的过程中迷路，他母亲便痛下"不再让儿子离开自己半步"的决心，并辞去公职，留在家里照看儿子。这样的事例，在生活中是很少见的，但家长对孩子过分呵护，凡事顺着孩子，生怕孩子饿着、累着、受委屈的现象却不是个别。

有一位母亲，由于在孩子很小的时候和丈夫离异，她便把全部的爱倾注在孩子身上，好吃好穿的任他挑，在家想干什么就干什么，想要什么就给他买什么，恨不得把天上的月亮也摘给他。母亲的娇惯和纵容，使他滋生了“唯我独尊”的心理。在学校里霸道十足，不听老师的话；在家稍不如意，就拍桌子摔碗。

过分保护导致如今的孩子某些生理、心理机能退化。一些家长一方面在学业上拼命给自己孩子“加压”，另一方面又为他们在生活上尽可能地创造了很好的条件，这便导致现在的孩子大脑“发达”，四肢无力。在舒适的环境中，孩子身体中的某些机能正在逐步退化。他们在成长的过程中一路顺风，不需要克服什么困难，所以也就谈不上会有什么长进。孩子成长过程中用于发展自己能力的机会就这样被剥夺了。

另外，我们要说的是，父母过度保护孩子的做法其实是一种自私心理的反映。因为过分溺爱的背后，一定会有对孩子行动的禁止和干涉。父母们总是按照自己的意愿去爱孩子，总是站在大人的角度去判断何事该做，何事不该做，从来没有问过孩子是否真的就需要这样的保护。尽管这些都是出自对孩子的爱心和关怀。但是父母们有没有想过，孩子会在这种连续“禁止”中，逐渐失去表达自己要求的能力，甚至会变成“无力量”“无意欲”“无关心”的“三无人类”。

教育点：对待男孩“粗放些”为好

一位父亲去美国考察，一天正遇风雪天气，看到一群小学生，穿着短短的羽绒衣，单薄的裤子，敞着领子，背着沉重的书包，在大街上困难地行进，并没有汽车接送，也没有家长陪同。孩子们小脸冻得红红的，欢笑着，跳跃着，没有一个愁眉苦脸的。这位父亲回国后，对正上小学三年级的儿子讲了美国看到的情况，对他说：“从明天开始，你自己上学去，不再由大人接送了。”话音未落，孩子“哇”的一声大哭起来。问他为什么哭，“是不认得路吗？”摇头，“怕过马路车多吗？”还是摇头。到底为什么呢？他抽泣着说：“人家都有人接，我没人接，多没面子呀！”原来如此。

家长们“众星捧月”般的娇纵，无异于为孩子们建起了一座座坚不可摧的壁垒，最终将孩子囚禁成鹦鹉人、金丝鸟，无法具备独立的人格，这样的孩子必将在未来的社会中尝遍苦头。“育子何妨粗放些”，有专家曾如此呼告——因为，我们的孩子需要粗放式的教育方式！

育子何妨粗放些。作家毛志成在他的文章里，也有着这样的感慨：

那一年冬天，好冷好冷。积雪久久不化，继续酿造着令人恐惧的低温。

有一天，我夜宿某个山村，房东将一对八九岁的双胞胎男孩打发到我屋里同住。两个小东西脱得赤条条的，同钻一个被窝，好一通打打闹闹之后才睡着。第二天一早，两个小东西刚睁开眼，又是一通“被窝战”。后来，一个跳下炕，向室外跑去，另一个也跳下炕，穷追不舍。

室外是零下二三十摄氏度的严寒。

我穿衣下炕之后，走到户外，不禁惊愕了，两个小东西正在雪地上滚作一团，做“相扑”状。

其母出来抱柴，只是漫不经心地骂了一句“总是抽风”，随即便取柴回院，未显示出任何惊愕。

其父出来担水，只是瞟了一眼，什么话也未说，看来他已司空见惯。

那时我20岁，尚未觅偶，不过心中却暗暗祈祷："生子当如此儿！"

我很崇敬这对父母，认为他们简直是培养雄性的行家。

十余年后，我也有了一对双胞胎小儿，不知为什么，两个小东西的脸总是白嫩，经久不黑，肉多脂肪，缺棱短角，就隐隐生憾，语多呵斥。

温室的花朵是经不起风雨的，过多的呵护和娇纵养出的孩子经不起生活的考验，这样的孩子必将在未来的社会中尝尽苦头。对待孩子，不必有太多的呵护，松开你捧着掖着的双手，让他们从摸爬滚打中成长。当有一天他们从生活的泥淖中站起来的时候，他们将拥有一副折不弯、压不软的硬骨头。

战胜困难的乐趣永远大于困难本身

有一个由业余登山爱好者组成的登山队，他们要对世界第一峰——珠穆朗玛峰发起进攻。虽然人类攀登珠峰已经不止一次了，但这是他们第一次攀登世界最高峰。队员们既激动又信心十足，他们有决心征服珠穆朗玛峰。经过考察后，他们选择自己状态很好、天气也很好的一天出发了。攀登一直很顺利，队员们彼此互相照应，没有出现什么问题，高原缺氧的情况也基本能够适应，在预定时间，他们到达了1号营地。大家都很高兴，因为有了一个良好的开始，就等于成功了一半。

第二天，天气突然发生了变化，风很大，还有雪。

登山队长征求大家的意见，要不要回去，因为要确保大家的生命安全。生命只有一次，登山却还有机会。但是大家都建议继续攀登，登山本来就是对生命极限的一种挑战。

于是，登山队继续向上攀登。尽管环境很恶劣，但是队员征服自然、征服珠穆朗玛峰的信心十足，大家小心翼翼地向上攀登。“队长，你看！”一个队员大喊，大家循声望去，在离他们很远的地方发生了雪崩。虽然很远，但雪崩的巨大冲击力波及登山队，一名队员突然滑向另一边的山崖，还好，在快落下山崖的那一刻，他的冰锥紧紧地插进了雪层里，他没有滑落下去，但他随时有可能被雪崩的冲击力推下去。

情况十分危险，如果其他队员来营救山崖边的队员，有可能雪崩的冲击力会将别的队员冲下山崖。如果不救，这名队员将在生死边缘徘徊。

队长说：“还是我来吧，我有经验，你们帮我。大家把冰锥都死死地插进雪层里，然后用绳子绑住我。”“这很危险，队长。”队员们说。

“已经没有犹豫的时间了，快！”队长下了死命令。大家迅速动起手来，队长系着绳子滑向悬崖边，他死命地拉住了抱住冰锥的队员，其他队员使劲把他俩往上拉。就在下一轮雪崩冲击到来之前，队长救出了这名队员。

全队沸腾了，经过了生死的考验，大家变得更坚强了。

最终，登山队征服了珠峰。站在山峰上，他们把队旗插在山峰的那一刻，也把他们的荣誉和勇气留在了世界上最纯净的地方。

失利必然会引起焦虑。失利其实对男孩的打击很大，尤其是一些竭尽了全力的男孩。在巨大反差的刺激下，男孩承受着一定的心理压力，往往会出现应激障碍，出现情绪低落、抑郁、愤怒、悔恨、沮丧、绝望，以及对未来失去信心等现象。失利之后，如果父母不能及时发现并给予理解，男孩的压力会更大。因此，现在父母们面临的最大挑战，就是如何面对男孩的失败而仍然有信心去鼓励和支持他。很多时候，给男孩带来最大打击的往往不是失败本身，而是他对失败的理解。作为家长，帮助男孩正确面对失败很重要。

有些家长喜欢对男孩使用空洞的说教。比如“失败是成功之母”等。这样的语言，一来没让男孩得到真实的体验和帮助，二来男孩也无法理解其中真正包含的意义。正确的做法是和男孩一起分析失败的原因，帮助男孩认识到哪些导致失败的原因是自己可以改变的，哪些是改变不了的。相比之下，明明妈妈的做法就很好。

明明刚上小学，上学期刚开学时，他们班开展了“一帮一”活动。明明的任务是帮助一位考分总在60分上下的男生。班里只有10个人被分配了任务，刚接到这个任务的时候，明明又得意又紧张。他对这个任务很上心，每天一放学，他就留在班里帮那个男孩解答难题，回家后还不忘打电话提醒那个男孩背单词。

可是这个学期快结束了，那个男孩的各科成绩还是在60分左右。因为这个，老师在班会上当着全班同学的面批评了明明，说他没能帮助同学共同进步。在随后改选班干部时，当了一年多小队长的明明落选了。

这件事对明明的打击很大，他哭着对妈妈说不想在这个学校读书了，想转到别的学校去。妈妈对他说："妈妈知道这件事情你受了委屈。"听了这话，刚刚忍住不哭的他眼泪又落了下来。妈妈接着问："告诉妈妈，你尽最大努力了吗？"明明使劲点了点头。"这就可以了，你要知道，世界上很多事并不是你尽力了就一定能成功的。但只要你尽最大努力就可以了。"这以后，明明深深记住了"凡事尽最大努力就好"这句话。

男孩失利之后，为人父母者应有的最好心态是平和，要理解男孩的委屈、苦闷和绝望情绪。送给男孩最好的礼物应该是理解，应扮演的最好角色是给男孩当个好参谋。细心观察男孩，及时疏导，防止出现意想不到的情况。在必要的时候，应该去找心理医生咨询，让男孩平稳度过这段"灰色时期"。有的父母说看不出男孩有什么压力，其实那只是表面现象，是他在进行心理防卫，在心理学上叫作"否认作用"和"反向作用"，是在潜意识里运用的自我心理防卫机制。如小男孩闯了大祸自己用双手蒙上眼睛，抹杀现实，以免内心焦虑痛苦，这就是"否认作用"；有的小男孩对妈妈说我没有偷吃水果，以此压抑了自己想偷吃水果的欲望带来的痛苦，这就是"反向作用"。

现实生活中，"常胜将军"是没有的。只要是人就会有失败，有沮丧。孩子也不例外。如果男孩不能以正确的态度对待失败，会在他的人生道路上形成不小的阻碍。因此，父母应尽早训练男孩正确对待失败。

教育点：鼓足勇气放开男孩

俗话说："吃得苦中苦，方为人上人。"其实，众多家长也明显意识到了这一点，但怜子之心让他们非常矛盾。男孩迟早都要离开父母的怀抱独自生活，在成长的道路上吃一些苦，绝对不是坏事。所以，父母应该懂得适时放手。

所谓“放手”，即从孩子生下来，父母就设法给他们创造自我锻炼的机会和条件，就像狮子妈妈为了训练小狮子的自强自立，母狮子故意将它推到深谷，使其在困境中挣扎求生一样。在残酷的现实面前，小狮子挣扎着一步一步从深谷之中走了出来。它领悟了“不依靠别人，只能凭借自己的力量前进”的真谛，它逐渐成熟，于是成为动物中的领导者。现在的社会，竞争是残酷的，如果没有早早地锻炼出男孩自强不息的拼搏精神，日后他们拿什么来立足于社会，得到幸福的生活呢?

看到这里，父母们也不用着急，那该如何来培养男孩呢? 其实你只要注意以下几个方面就可以了。

1. 不要给男孩太多的呵护

不要给男孩太多的呵护，学会做一个“懒父母”。家长对男孩的事情，不可以事必躬亲。比如为了锻炼男孩的自理能力，让男孩自己上学，自己洗衣服，自己打扫房间；自己的朋友来家里，就让他们自己招待；家长不在家的时候，让他们自己做饭。父母给予男孩最大的爱，就是让他们早日脱离父母温暖的怀抱，学会自力更生。毕竟，你不可能一辈子都在男孩的身边照顾他。

2. 不要把男孩放在自己的手掌心里

男孩看到地上的树叶很漂亮，想捡起来。父母一看不得了，赶紧把男孩抱走，生怕地上有什么脏东西。男孩看到其他小朋友爬树很好玩，就跃跃欲试，父母知道后，把男孩叫回去批评一顿：“谁让你去爬树的？你知道那有多危险吗？”男孩想自己去学校，父母又说：“路上那么多车，撞到了怎么办？”过度的限制，让男孩少了很多童年必要的成长经历。“要想知道梨子的滋味儿，必须亲自尝一尝”，所以让男孩自己去感受吧。就算吃苦，对他们的成长来讲也未必是件坏事。

3. 教男孩学会自主处理事情

让男孩自己学着去生活，说起来容易做起来难，这就要求父母给予男孩必要的配合。比如，男孩想和同学去野炊，征求你的意见，你就可以让男孩自己决定去还是不去。选择的权利交给了男孩，他感觉到了父母的尊重，自然会慎重行事，不让父母为他担心，同时也锻炼了他自己思考处理问题的能力。

让男孩学会自我修复

从人类文明产生的时候开始，竞争就如影随形。我们要和别的物种竞争食物，和大自然竞争主动权，和生命竞争时间。每一个人的降生，就是参与竞争的开始。培养男孩的竞争意识，让他知道竞争是生命中的常态，让他懂得胜败都是兵家常事，让男孩对得失都有一份平常心。

男孩遇到失败是难免的。面对男孩的失败，有些家长往往采取掩盖和安慰的方法去让孩子逃避失败。殊不知，他们这种害怕孩子失败的心态，可能会导致孩子一蹶不振，毁了孩子的未来。

是什么原因导致我们的男孩如此脆弱呢？教育专家指出：是家庭的溺爱。在这样的环境里，包围他们的是一片表扬、赞叹之声。在这些声音中长大的孩子变得过分要强，他们就像温室里的花朵一样，经不起一点风雨。稍遇挫折，便把它看成拿破仑的滑铁卢，从此一蹶不振，彻底丧失了勇气和信心。

现在父母们面临的最大挑战，就是如何面对孩子的失败而仍然有信心去鼓励和支持他。每个家长都希望孩子能获得更多的成功，从中体验竞争和胜利带来的快乐。但是，任何成功都来之不易，需要不断进取和努力，更需要面对挫折和困难。

教育点一：帮助男孩正确面对失败

人们希望事事成功，然而，在现实生活中，常胜将军是没有的。在人生的道路上，失败是难免的。这是因为客观事物是纷繁复杂而又不断发展变化的，关键问题就是尽量少些失败，多些成功，以及如何勇敢地面对失败。男孩如果没有经受过失败的痛苦，就往往不能以正确的态度对待失败。因此，父母应尽早训练孩子正确对待失败。

1. 父母要告诉男孩失败在人生的道路上很难避免

让男孩在思想上要有准备，如果准备好，承受失败的打击也就会更小。要鼓励男孩勇于接受挑战，品尝到真正的成功。

2. 防止男孩的消极态度

当男孩失败了，父母不要嘲笑他，看轻他，而是要安慰他，鼓励他，开导他，帮助他激起重新奋起的决心和自信心。永远不要伤及孩子的自尊，在对孩子进行批评教育时，要坚持对事不对人的原则。不应说“你真笨”“你是一个没有用的家伙”这类话，而应该说“这件事你做错了”“今天你不太勤快”“这次你表现得不够好”等。

3. 教男孩变失败为成功

常言道：“失败是成功之母。”这是指失败既是坏事，又是好事。父母训练孩子正确面对失败，就是使孩子勇敢地面对失败，变失败为成功之母。不要让孩子总是自责，当听到孩子说“我老是写不好字”“我真笨”“我太丑”的时候，要及时加以引导，用正面、积极的语言开导孩子，鼓励和帮助他战胜困难。

4. 告诉男孩不必太在乎外界评价

应该告诉孩子，如果过于在意外界的评价，他就会经不起挫折。父母要让孩子从小学会不认输，锻炼拼搏精神。这样，当孩子遇到挫折、困难、委屈、痛苦等，就能奋起挣扎，变失败为成功，也会对孩子今后的成长大有好处。

教育点二：帮助男孩走出自卑

有一位禅师为了启发自己那个经常自卑的徒弟，就给了他一块石头，叫他去菜市场卖。这块石头不大，但造型十分奇特。禅师告诉徒弟：“不要卖掉它，只是试着卖它。注意观察，多问一些人，然后告诉我在菜市场它能卖多少钱。”

徒弟去了。在菜市场，许多人都想买这块石头，于是出了价，但只不过几十元。徒弟回来说：“它最多只能卖到几十元。”

禅师又说：“现在你去黄金市场，问问那儿的人，但是不要卖掉它，光问问价。”从黄金市场回来，这个徒弟很高兴地说：“这些人太棒了，他们乐意出1000元买。”

禅师又说：“现在你去珠宝商那儿，但不要卖掉它。”他去了珠宝商那儿。他简直不敢相信，他们竟然乐意出5万元买。他不愿意卖，他们继续抬高价格出到10万元。但是徒弟说：“我不打算卖掉它。”他们说：“我们出20万元、30万元，或者你要多少就多少，只要你卖！”徒弟说：“我不能卖，我只是问问价。”他不敢相信地说：“这些人疯了！”他觉得菜市场的价已经足够了。

他回来后，禅师拿着石头说：“这一块普通的石头，就像人一样，关键看你在心中给自己定了一个什么价。只有自信的人，才敢于给自己一个高价位，才敢于向那些‘珠宝商’展示自己，从而获得意想不到的回报。”

父母也应该给男孩讲讲类似的故事，告诉男孩不要看轻自己，因为男孩本身就是一个独一无二的个体，具有独特的价值。当男孩产生自卑心的时候，一定注意帮助男孩完成自我调适。可以给男孩推荐一些名人的例子，让他以他们为榜样，学习他们在生活的道路上是如何战胜自我，然后走向成功的。

第四章　帮助男孩而不是包办
——独立性强的男孩才能自立于世

家有男孩，父母可以“懒”一点

世界上能登上金字塔顶的生物只有两种：一种是鹰，一种是蜗牛。不管是天资奇佳的鹰，还是资质平庸的蜗牛，能登上塔尖，极目四望，俯视万里，都离不开两个字——勤奋。

而我们现在的孩子，身上最缺乏的也许就是勤奋。平常在家里，孩子什么都懒得干，往往这样：

● “要吃饭了，来帮妈妈摆好碗筷。”

“哎呀，我还要看动画片呢，妈妈你自己干吧。”

● “今天咱们家庭大扫除，你扫地还是擦桌子？”

“可是我还要看书呢。”

每当你想叫男孩做事的时候，他总是能找出成堆的理由拒绝你。有的父母心疼孩子，认为现在的孩子都这样，就由着孩子的性子来，什么家务都不让他们做，久而久之，男孩就养成了懒惰的习惯。哪一位家长不希望自己的孩子以后有出息，能够成就一番事业呢？而懒惰正好是成功的克星。要知道天下没有免费的午餐，要想收获美好的果实，就必须用自己辛勤的劳动来换取。

有心理学家研究表明，从小勤劳爱动手的孩子大脑发育要比同龄的孩子健全一些，因为在人的大脑中，一些富有创造性的区域只有在劳动中才能够被开发出来。一定量的劳动不但可以给孩子带来一个强健的身体，还可以锻炼孩子的意志，让孩子养成吃苦耐劳的精神。而且从小喜爱劳动的孩子，长大后一般都很能干，生活也很美满充实。所以，孩子的勤劳特性并不是可有可无的，父母应该从小就注意对孩子进行培养。而很多取得成就的名人，他们的成绩的取得与父母小时候对他们的勤奋教育是分不开的。如获得诺贝尔奖的生理学家巴甫洛夫，他的父亲从小就对他进行严格的训练。

巴甫洛夫的父亲十分重视孩子的劳动教育。他认为，给孩子一双勤劳的手就好比给了孩子一双立足于社会的脚，没有什么事情是比拥有勤劳更让人愉快的了。

当小巴甫洛夫逐渐长大的时候，父亲把巴甫洛夫带到地里，指着一块翻好的地说：“儿子，今天我们来种菜吧。”

“可是爸爸，我不会呀。”小巴甫洛夫说。

“没关系，不会爸爸教你。”

于是，巴甫洛夫拿着小铲子跟着爸爸种了一天的菜。过了几天，当他们种下去的菜长出鲜嫩的叶子，父亲又带着巴甫洛夫来给菜浇水除草。

后来，父亲又教巴甫洛夫学做木工活。爸爸买来了凿子、锯子，先给儿子做了个精美的小板凳，然后告诉儿子板凳是怎么做出来的，小巴甫洛夫便跟着爸爸认真地学了起来。没多久，小巴甫洛夫就可以自己做简单的家具了。

除了亲手教巴甫洛夫学习种菜、做木工活外，父亲还教他养花、除草、给树木嫁接。巴甫洛夫在父亲言传身教的影响下，从小养成了不怕苦、不怕累、坚持自己动手把活干完的良好习惯。这种从童年培养起来的勤劳和耐性，成为巴甫洛夫在科学事业上取得巨大成功的重要因素。

教育点一：给男孩一双勤劳的手

作为父母，如果想教育男孩从小养成勤劳的好习惯，可以注意以下几个方面。

1. 教导男孩有一种积极的劳动态度

俗话说态度决定一切，要孩子养成良好的动手习惯，就先从改变他们对劳动的态度开始吧。你可以选择对孩子进行言传身教，多给他讲一些勤劳的故事，比如在勤奋中长大的商人李嘉诚，给孩子营造一种勤劳的家庭氛围，让他从意识上觉得劳动最光荣。只要养成孩子热爱劳动的习惯，燃起他们认真劳动的热情，就能使孩子养成勤劳的习惯。

2. 放手让男孩去做

孩子小的时候就让他自己吃饭，自己学着穿衣服。等孩子长大点后，家长做家务的时候给孩子分配一点儿任务，比如你拖地板就让孩子来扫地，你做饭就让孩子给你择择菜，平常也多叫孩子帮你的忙，打酱油、拿报纸、去超市买东西、晾衣服等都可以让孩子去做。习惯成自然，当孩子把勤奋当成一种习惯后，不知不觉就会把它融入自己的生活中去了。

3. 不要无条件地给予

不要孩子要什么就给予什么，当孩子想获得一样东西的时候，可以让他拿自己的劳动来换，比如想要多一点的零花钱，可以让他洗一个星期的碗，自己挣；想额外买一套明星的签名照，就要坚持扫一个月的地，让孩子学会珍惜大人的劳动成果，也让他知道劳动的可贵：美好的生活要靠勤劳获取，只有脚踏实地，靠自己的双手辛勤劳动，才能够让自己过上高质量的生活。

教育点二：培养男孩的实干精神

相信每个男孩都有自己的理想，但是如果空有理想不付诸实践，恐怕就成了“空想”，最终只能成为心中的一个梦。所以，父母如果想要自己的男孩将来有出息，一定要在他们小的时候培养他们的实干精神。

父母在教育孩子要有实干精神的时候，应该注意以下几点。

1. 从父母的做法开始

有时候男孩想做一件事情，父母会因为害怕孩子做不好或是伤害到自己而不让他们去做，这实际上就让孩子养成了一种惰性，以后就算有了什么好的想法也会耽于懒惰了。父母也要以身作则，给孩子树立良好的榜样，营造一种积极的氛围。

2. 父母要适当督促男孩

男孩有时候树立了理想，却又不知道从哪里下手，父母可以督促他把自己的理想写下来，每天去实现一点，然后持之以恒坚持下去。

3. 想到就去做，培养男孩雷厉风行的性格

让男孩想到什么就马上去做。比如孩子起床的闹钟响了，就让孩子马上起来，不要磨蹭；吃饭的时间到了，孩子还在看电视，就让他马上把电视关了去吃饭，千万不能孩子说“我等一会儿再来吃”，就随他的便。

4. 给男孩一些适当的训练

父母可以交代男孩去做一件事情，到了规定的时间就去检查孩子的完成情况，让孩子养成一种迅速完成任务的好习惯。

5. 让男孩明白只说不干的坏处

治标先治本，想要杜绝男孩空想的习惯，就要告诉他这样做的坏处。或者给他一次教训。你可以当他赖床不准时起来的时候，只叫他一次。如果迟到了，下次他听到闹铃就会马上起来了。

这些事情，让男孩自己做

现在大部分家庭只有一个孩子，爸爸妈妈、爷爷奶奶、姥姥姥爷都把孩子当成宝，真是含在嘴里怕化了、捧在手里怕摔了。于是可能经常出现这样的场面：

- “宝宝张嘴，来奶奶喂你吃饭。”
- “哦，宝宝乖，妈妈给你洗脸。”
- “哎呀，你自己怎么洗得干净衣服呢？让妈妈来。”

儿童心理学家告诉我们，孩子逐渐长大，其自主意识会随之增长。两三岁的孩子，在大人帮他穿鞋时，他会说“我自己穿”；喂他吃饭时，他会说“我自己吃”；帮他搬小凳子时，他会说“我自己来”。这种时候，家长不可随意打击他们跃跃欲试的兴致，剥夺他们提高学习生活能力的机会，而是应当帮助他们在学会独立生活的同时，增强他们的自我打理生活的意识。因为生活质量的好坏全凭自己打理，你最多只能送他沧桑的智慧。

具体说来，父母可以从以下几个方面来做。

1. 告诉男孩：自己的事情自己做

让男孩学会自己动手，不要取代他们自己动手的能力。孩子初次做事也许做不好，如他洗的衣服不太干净，你可以背着他再洗一遍，但不能说“你洗不干净，让我来帮你”，让他失去做事的积极性。在最初的日子里，孩子需要指导和帮助。告诉他怎样做好这些事，但千万不要一见孩子做不好，就自己代替他去完成，你不可能跟随孩子一辈子。在这方面家长应该向清代画家郑板桥学习。郑板桥老年得子，却并不溺爱，而是力促他自立，要求他：“淌自己的汗，吃自己的饭，自己的事自己干。靠天靠地靠祖宗，不算是好汉。”

2. 让男孩学会自我保护

随着男孩年龄的增长，要教给孩子一些基本的生活经验和智慧，并让他自己在生活中获得成长。比如，教会孩子学会自我保护，为防止上当受骗，从小告诉他们不要贪小便宜，不要接受陌生人给的东西，不要跟陌生人走。让孩子懂得遇事不可慌张，不要冲动，要冷静，要理智；有困难可以找警察叔叔，并让孩子牢牢记住“110”“119”等急救号码。

3. 让男孩学会独立思考

多给男孩自己思考的机会，没有什么事情比拥有自己的思想更有用，就像伟大的物理学家爱因斯坦说的：“学会独立思考和独立判断比获得知识更重要。”多培养孩子自己思考问题的习惯，爱动脑筋有百利而无一害。你可以让孩子自己思考将来想成为什么样的人，以及应该怎样去实现自己的目标。在当今的社会里，家长应该提供给后代的是“工具箱”，而不是万贯家产。

4. 让男孩自己安排时间

培养男孩珍惜时间、科学安排时间、充分利用时间的好习惯，就要先给男孩自己安排时间的机会。可以让他自己制作时间表，合理安排，一项项实行，而你可以充当监督员。

5. 让男孩学会自我管理

父母不要对男孩的事情样样过问，要引导鼓励他们自己规划管理自己的事情，比如今天穿什么样的衣服，自己的课外书应该放在什么地方，星期天的时间怎么安排，什么时候应该把作业给父母检查等。告诉孩子不要什么事情都依赖大人。摆脱一分依赖，男孩就多了一分自主，也就向自由的生活前进了一步，向成功的目标迈近了一步。

教育点：让男孩知道父母不可能帮助他做所有的事

一个真正疼爱男孩的父母关注的应该是男孩将来是否能够应对社会。如果父母懂得让自主的灵魂贯彻于男孩的成长过程，那你的男孩将来一定能够独立地应对来自社会的挑战。

南宋著名诗人陆游曾在《冬夜读书示子聿》中对他的儿子进行劝勉：

古人学问无遗力，少壮功夫老始成。

纸上得来终觉浅，绝知此事要躬行。

现在有很多男孩在家中的实际情况就是饭来张口、衣来伸手，甚至连扫地、擦桌子等简单的家务活都不会做，样样事情都要大人一手包办好，男孩很自然地也就养成了什么事情都依赖爸爸妈妈的习惯。于是，我们会在街上看到男孩的鞋带散了，站在路边“哇哇”大哭叫妈妈，不知道自己弯腰系紧的现象。还有一些男孩在成年之后，虽然考入了大学，还是不会独立生活，不能自理自立。

现在男孩的依赖习惯似乎已经成为一个越来越严重的社会问

题。父母一味地放纵男孩，殊不知，依赖会使他失去独立思考的能力和学习的勇气，因为他总是需要借助别人的扶助来获得自己的利益，久而久之，必然会养成一种坐享其成的不良习惯。可是，男孩终究有一天是要长大的，在他长大之后，又能以什么样的姿态来迎接社会的检验和挑战呢？过于依赖的男孩势必会导致一种脆弱，因为他们习惯了按照别人的指示行动，所以难以形成较强的独立应变能力。培养男孩的自主能力，让男孩懂得很多事情必须倚靠自己，对父母来讲，是最不容忽视的教育。习惯了帮助男孩做一切的父母，可以先从以下的几个方面入手，慢慢地把男孩自己分内该做好的事“还给他”。

1. 男孩能够做的事决不包办，培养男孩生活自理的能力

男孩还小的时候，就可以教会男孩自己吃饭、穿衣服、洗脸。稍大一点以后，可以教孩子自己去上学、自己去买东西，刚开始也许他做不好，但是只有给他练习的机会，他才会有会做的可能。

2. 男孩不会做的事学着去做，帮助男孩养成为家服务的习惯

不要因为男孩不会就代替他们去干，可以教孩子做一些力所能及的家务。

3. 男孩碰到困难时不急于帮忙，试着让他独立解决问题

碰到困难是好事，这是锻炼他们自己解决问题的好时机。让男孩自己去想解决的方法，适当受点委屈并没有什么不好，要知道你不可能跟孩子一辈子。

鼓励男孩大声说出自己的想法

“教了多少遍了，还是不会，真笨！”

“过来，这是李阿姨，快向阿姨问好。”妈妈跟儿子说，儿子一直怯生生地扯着母亲衣角，躲在母亲背后不肯出来。

“为什么别人都能回答出来问题，就你连话都不敢说？你说是怎么回事？”爸爸质问的声音极大，儿子泪涌了出来。家长无奈。

生活中，类似的情况有很多。有的男孩面对老师、面对爱慕的人不敢说出自己的想法；上台演讲前、面试时、比赛前、照相时等，常常感觉紧张、脸红、心跳、发抖；学习或工作中总是惴惴不安，神经绷得如一张满弓，唯恐出了差错……

上中学的小宇以前是个性格很活泼的人，现在见人就怕。面对熟悉的人从对面走过来，内心不知道应不应该和对方打招呼，紧张的情绪就会产生。他发现嚼口香糖可以缓解说话紧张，所以现在一天到晚都要嚼口香糖。晚上失眠越来越严重。每天觉得自己很难看，声音很难听，所以很少和人交流，看到有人很流利地谈话就嫉妒。每天要照镜子很多次。不敢笑，也不敢大声说话。学习注意力不能集中，不能回答老师的问题，人际关系非常紧张。

具体来讲，不敢在别人面前大胆说话的原因主要有两种。

第一种，不想露丑。有时男孩的想法是，只要我不在他人面前暴露自己的短处，别人也就不会知道我的缺点。而一旦在众人面前说话，自己的粗浅根底、拙劣看法都会暴露出来。那么，从此以后，哪儿还有自己的立足之地？所以，不说话更稳妥。

第二种，不知道该如何组织说话的内容，就像被硬拉到一个陌生的世界一样，所以会感到惊惶。有的男孩是因为先天原因。

他们生来性格内向，气质属于黏液质、抑郁质类型，说话低声细语，见到生人就脸红，甚至常怀有一种胆怯的心理，举手投足、寻路问津也思前想后。

当然，导致男孩不敢大声说出自己想说的话，更多的原因是家长没有及时地培养。有些家长对男孩的胆小不加引导，男孩见到陌生人或到了陌生的地方，便习惯性地害羞、躲避，没有自信心。当他进入青春期后，自我意识逐渐加强，敏感于别人对自己的评价，希望自己有一个“光辉形象”留在别人的心目中，为此，他们对自己的一言一行非常重视，唯恐有差错。这种心理状态导致了他们在交往中生怕被人耻笑，因此表现得不自然、心跳、腼腆。久而久之，便羞于与人接触，羞于在公开场合讲话。对此，应给予正确指导，鼓励男孩大胆、真实、自然地表现自己。

恐惧或忧虑会阻碍男孩们说话的尝试。有时保持安静较容易，退缩在“壳”里可以掩饰自己的软弱。

“我总是不敢在人面前讲话、发言，那会使我心跳加快，脑中一片空白……”有的男孩曾坦然地承认自己说话的胆怯，而且对此颇为苦恼。

心理学家们通过研究发现：人或多或少在说话方面有些不健康的心理，而紧张和恐惧便是这些不健康心理的突出表现形式，是影响人们进行正常说话和语言交流的明显障碍。

可以毫不夸张地说，人人都可能在说话前后或说话过程中出现紧张、恐惧心理。性格内向、沉默寡言者如此；天性活泼、思想活跃者如此；即便演说专家、能言善辩者也不例外。而恐惧是后天的反应。两岁大的男孩在过马路时不会懂得害怕，直到有人猛地把他拽回来，警告他过马路有多么危险。同样，当我们第一次看见同学站起来背诵诗歌，发现他突然哽住了，变得慌张窘迫，以致全班同学发出阵阵的窃笑时，我们懂得了当众讲话时害怕。既然紧张害怕是后天学会的，那么它也是可以被忘却的，或者至少是可以被控制的。

家庭是练习说话的第一个场所。当男孩在家里的时候，我们可以鼓励男孩给自己讲一个寓言故事。如果男孩不能讲清楚，就让男孩去找一本儿童文学看看，再来训练。这样男孩便会渐渐了解语言，懂得如何并敢于与人们交谈了。另外，鼓励男孩平时就一些小问题与人交流。鼓励广结良友，与朋友频繁往来，是练习口才的又一途径。无疑，我们每个人都多少会有一些朋友，这些朋友可能来自不同的地方，处于不同的年龄，属于不同的阶层，从事不同的工作，因而与他们相处时会遇到各种不同的问题。男孩拥有的朋友，了解的谈话内容，都会渐渐地增多起来，他说话的胆量也会渐渐大起来。

教育点：多夸奖男孩某一方面的长处

“皮格马利翁效应”又被称为罗森塔尔效应。它的中心意思是：我们的热切期望，会使被我们期望的人达到我们的要求。心理学研究发现，在教育实践中，罗森塔尔效应对男孩的成长有巨大的影响。信任在人的精神生活中是必不可少的，它代表一种对人格的积极肯定与评价。每个人都有被别人信任的需要，而当这种需要得到满足的时候，人们就会感到鼓舞和振奋，做出最好的表现。

人们通常这样说明罗森塔尔效应：“说你行，你就行；说你不行，你就不行。”要想使一个人发展更好，就应该给他传递积极的期望。积极的期望促使人们向好的方向发展，消极的期望则使人向坏的方向发展。

称赞就像是养料。它会使男孩得到很大的鼓励，使他们雄心勃勃，信心十足更进一步。父母的表扬比其他人给男孩的表扬作用更大，儿童心理学家经过实验发现：男孩们总是在无意识中按大人的评价调整自己的行为，以得到父母的表扬和鼓励。

每个人都喜欢听好话，男孩更是如此。因此，在教育中，家长们应该多对男孩多一些表扬，少一些批评。面对男孩天真幼稚的行为，不能用成人的标准来判定，应发自内心地赞美男孩的创造力："你真行！我小时候可不如你。"随着男孩年龄的增长，对他的鼓励更应多于批评，男孩的进步就会越来越快，也会把家长当作成长道路上的良师益友。如果父母只知道一味地责备，甚至恶狠狠地训斥，那么必定会使男孩的自尊心在你的训斥声中渐渐丧失殆尽，同时毁掉的还有你与男孩的关系。

由此可见，教师和家长对男孩的教育中，积极的心理期待对男孩的自我肯定和未来的成长是多么的重要。许多家长总是习惯在别人面前批评自己的儿子，却绝不在别人面前表扬儿子，觉得这是对男孩的严格要求，是一种良好的家教风气，也是一种谦虚，却不知男孩的内心是最渴望表扬的，尤其是当着别人的面。其实，大人也需要公开表扬，只不过男孩是高兴在脸上，而大人是高兴在心里。

把儿子培养成著名天才的老卡尔·威特认为，家长要学会赏识男孩，只要父母自认为自己的男孩是"一流"的，他们就会把这种意识直接传达到男孩的头脑。当男孩从家长那里常常得到赞许、表扬和肯定，那么男孩就会认为自己是一个有能力的人，其行为则表现为积极、果敢，而且情绪稳定，有很强的自信心。父母不要吝惜自己的称赞，鼓励男孩在生命的交响乐中演奏属于自己的乐章。这是挖掘男孩潜能的重要通道，也是增强男孩自信的源泉，更是男孩实现人生价值的必由之路。

让男孩自己做决定

有一名中文系的学生苦心撰写了一篇小说，请作家批评。因为

作家正患眼疾，学生便将作品读给作家。读到最后一个字，学生停顿下来，作家问道："结束了吗？"听语气似乎意犹未尽，渴望下文。这一追问，煽起学生的激情，他立刻灵感喷发，马上续道："没有啊，下部分更精彩。"他以自己都难以置信的构思叙述下去。

到一个段落，作家又似乎难以割舍地问："结束了吗？"

小说一定摄魂勾魄，叫人欲罢不能！学生更兴奋、更激昂、更富于创作激情。他不可遏止地一而再、再而三地接续、接续……最后，电话铃声骤然响起，打断了学生的思绪。

电话找作家，急事，作家匆匆准备出门。"那么，没读完的小说呢？""其实你的小说早该收笔，在我第一次询问你是否结束的时候，就应该结束。何必画蛇添足、狗尾续貂？该停则止，看来，你还没把握情节脉络，尤其是缺少决断。决断是当作家的根本，否则绵延逶迤，拖泥带水，如何打动读者？"

学生追悔莫及，自认性格过于受外界左右，作品难以把握，恐不是当作家的料。

很久以后，这名年轻人遇到另一位作家，羞愧地谈及往事，谁知作家惊呼：“你的反应如此迅捷、思维如此敏锐、编造故事的能力如此强盛，这些正是成为作家的天赋呀！假如正确运用，作品一定脱颖而出。”

“横看成岭侧成峰，远近高低各不同。”凡事都难有统一定论，谁的“意见”都可以参考，但永不可代替自己的“主见”，不要被他人的论断束缚了自己前进的步伐。一个遇事没有主见的人，就像墙头草，东风东倒，西风西倒，没有自己的原则和立场，不知道自己能干什么，会干什么，自然无法迈向成熟。

看了上面的这个小故事，我们一定有很深的感触。一个人不能没有自己的主见，或自己虽有考虑，但常屈从于他人的看法而改变自己的想法，人云亦云，随波逐流，一味讨好和迎合别人，就迷失了自己。明人吕坤特别反对这种做事没主心骨，也就是没主见，只是“一味观望，看人言为行止”的做人毛病。吕坤说，做人做事，一定要独立思考，辨明是非，能够选择正确的立场观点。他说，如果做事先怕人议论，做到中间一有人提出反对意见，就不敢再做下去了，这不仅说明这个人没有“定力”，也说明其没有“定见”。没有定力和定见，就不是一个独立自主的人。

从家教的角度上讲也是如此，如果我们的男孩整天活在别人的阴影里，太在乎他人的看法，太在乎他人的眼神，太在乎周围人对自己的态度，活在别人的判断里。这样的男孩，日久难免会陷入随波逐流、一味依赖的境地，失去自己的“主心骨”，这样的男孩，注定不会具有独立的人格。

当男孩像一棵摇头草一样六神无主，或像效颦的东施一样只会徒增笑谈时，会是怎样的一种情景。这样的男孩，将来又如何能在人群中独树一帜，如何在激烈的竞争中胜出呢？

教育点：培养有主见的男孩

如何帮助男孩成为一个有主见的人呢？在平时，家长不妨从这样的细节开始：

1. 别拿男孩与他人比较

生活中不必常在孩子面前夸别的孩子如何如何。像“你看 ××× 做得多好”“你看 ××× 穿的衣服多好看”等。这很容易使孩子怀疑自己的能力，对自己失去信心，从而导致孩子要向别人看齐，无形中加重了孩子的从众心理。

2. 让男孩相信自己的力量

父母要不断丰富男孩的知识，从各方面提高他的能力；创造条件，使孩子有充分表现自己的机会；孩子的事情让他自己做，对他做的事情，要给予充分的肯定，增强他对自己的认识，从而相信自己的力量。

3. 让男孩自己选择

“选哪个呢？”“那个好吗？挑你自己喜欢的吧！”在餐厅点菜、买衣服、买鞋帽时，让孩子从小就有发言和选择的机会。母亲不要一味地把自己的意志强加给孩子：“这个味道不错，吃这个吧！”“这个更可爱。”“这件很适合你，买这件吧！”这样，孩子会逐渐失去自己的主见。

4. 做一个好的言论家，不如做男孩的好听众

母亲切勿唠唠叨叨地对孩子说个没完没了，也不要过多地指责、命令孩子，最好让孩子多说一会儿，自己做孩子的好听众。孩子在沉思时，不要催促，慢慢地听孩子讲下去。

5. 锻炼男孩叙述事情的能力

谈一些有关书籍和电视的话题，引导男孩把从书本上读到的和从电视上看到的内容，有条理地讲出来；或让男孩把在幼儿园里发生的事情讲出来，家长在旁边静静地倾听，男孩在表达不清时，应从旁给予提示，引导孩子有条理地讲下去，这有助于他们训练思维的逻辑性和条理性。

6. 承认男孩的主张并予以赞扬

孩子说出自己的想法时，家长要认真地听，见解正确时要给予承认并及时表扬。老是抑制男孩的思维，不让孩子的意见得到伸展，孩子就再也不会提出什么主张了。当然，男孩的意见不合情理时，父母要亲切、认真地加以说明，让孩子能够接受，代之以其他的要求。

7. 不要对男孩说“太丢人”“别啰嗦”等话语

切忌对男孩说“太丢人，别说了”、“别再啰嗦了”等话，要让孩子先充满自信，把自己的想法直截了当地说出来。

8. 让男孩参加团体活动或游戏，鼓励孩子充当领导角色

让男孩多参加团体活动及户外娱乐，在活动中，鼓励孩子担任团体领导，锻炼孩子的组织能力和统筹能力。

类似于以上的教育方法还有很多，家长在实际生活当中，只要做个有心人，便能处处发现。每一种方法也因人而异，一定要根据男孩自身的特点进行针对性的引导，这样才能起到良好的效果。

特别要讲的一点是，要真正培养男孩的自主性，让其拥有自己的主见，家长自身必须是一个很有“主心骨”的人。如若家长本身就是一个缺乏主见，处处在乎别人指指点点的人，又怎么能指望他培养出具有独立人格和“主心骨”的男孩呢？

第五章 培养一个正人君子
——美德是男孩的阳刚之气

正直——男孩立足社会之本

正直是美德的基石，恐怕有人认为它早已过时了，但它之所以流传至今，正是经过了时间的考验证明它确实具有强大生命力的缘故。正直的美名与始终不渝地坚持真理、忠实于信仰是紧密相连的，它是建立生活大厦的坚实基础。男孩的人生航程没有正直相伴，当船到江心的时候，很可能就会迷失方向，迷失自己。因此，父母要重视男孩正直品性的养成。

教育点一：正直的孩子来自父母的影响

厄斯金爵士坚持真理、一丝不苟，是值得每一个孩子铭刻在心的榜样。他说："我青少年时代就坚持一条准则，做我的良心让我做的事情。我会一直坚持这条原则，直到走进坟墓。我严格地遵循它，从不抱怨那是一种牺牲。相反，我却从此找到了发财致富的道路。我还会把这条道路指引给我的孩子们。"

男孩成长的过程，是人格形成的关键时期，也是正直品性养成的时期。父母的教育在此过程中的意义重大。

泰国前总理川·立派86岁的老母亲川梅，是一个摆食品摊的小贩。她在曼谷的一家市场内摆摊卖虾仁豆腐、豆饼、面饼。

她儿子川·立派当总理的第一天，就有人问她："您儿子当总理了，您还用得着摆摊吗？您不觉得丢儿子的脸吗？"

她说："儿子当总理，那是儿子的工作，那是儿子有出息。我摆摊，那是我的工作，两者并没有什么矛盾。我不觉得有什么丢人的，我很喜欢摆摊，在这儿，能见到很多老朋友。我最高兴的事，就是看到儿子下班回家后狼吞虎咽地吃我亲手做的豆腐。"

泰国媒体称赞说："一个来自平民阶层的平凡母亲，教育出一名以其诚实、正直而受人尊敬的总理。"川梅在面对记者时谦逊地表示："我其实没有做什么，我只不过在他小时候就教导他做人必须诚实、正直、勤劳和谦虚。我只是让他明白：一个人无论做什么，一定要知道自己生命的意义。"

正直品格的养成不是一朝一夕的事情，父母需要为孩子树立一个良好的榜样，以身作则，起到正直的带头作用，在生活中坚持正直的言行。那些不坚持诚实，没有绝对正直品德的父母是很危险的。他们在平时也许是愿意站在正直的一方的，但是一旦关系到自己的利益，比如在金钱面前、在名誉面前、在升职面前……他们就要离开正直，就不说正直话，不做正直事了。

说假话，办假事，甚至制假贩假，用假农药、假化肥坑害农民，用假酒、假烟牟取暴利，成了现今社会的一大痼疾。有一则民谣说："记者署假名，歌星唱假唱，球星踢假球，百姓喝假酒——有人乐于假，有人苦于假。”报载，有一所学校发动学生为灾区募捐，在收上来的捐款中，竟然发现有多张假钞！

其实，这些父母不明白，他们在多得到一分金钱的同时却损失了诚实的品德。他们的收入固然是有所增加了，职位有所提升了，但他们的人格在孩子的眼里却大大降低了，实在是得不偿失！因此在培养孩子的时候，父母要严格要求自己，做一个正直的父母，才能熏陶孩子也成为一个正直的人。

教育点二：正直的男孩明辨是非

生活中坚持正义的孩子都有很强的是非观念，他们的是非观主要来自父母的影响和熏陶。

撒切尔夫人就是一个是非观念很强的人，正确的是非观念引领着她步入政坛，成为历史上有名的“铁娘子”，并且让她成了20世纪英国执政时间最长的政府首脑。她得益于正确是非观的影响，所以在教育孩子的过程中，也很注重对孩子是非价值观的教育和培养。

孩子尚处于蒙昧时期，最容易受到周遭世界的影响，这些影响使得他们逐渐形成自己最初的是非价值观。这些观念一旦形成就很难改变，并且将会影响其一生。撒切尔夫人懂得这一点，她不但重视是非观对自己人生的影响，还重视对孩子是非观的教育。

在培养孩子树立正确是非观上，撒切尔夫人很重视交流对孩子的影响。很多父母总是抱怨自己没有时间跟孩子说话，这是让她感觉到非常遗憾的一件事情。撒切尔夫人不管多么忙，不管工作上的压力是多么大，她总是会想办法挤出时间跟孩子说话。把孩子问的问题说清楚。父母和孩子关系的远近不在于她与孩子在一起的时间长短，而在于你在特定的时间里对他们的关怀。所以撒切尔夫人一有时间就和孩子在一起闲聊，从孩子每天的趣闻中，分享他们的心情，同时还告诉孩子事情的是非曲直，告诉他们如何去判断一件事情或者一个人物。

撒切尔夫人最喜欢的儿子马克喜欢模仿父亲。一次，撒切尔夫人打电话过来，想告诉自己的丈夫她有宴会不能回家共进晚餐。电话铃响起后，马克对着电话嚷道：“我是撒切尔！”撒切尔夫人当时很生气，认为即使是大人，在自己的家中这样接电话也是不礼貌的，而小小年纪的马克更不应该这样。撒切尔夫人不想放任儿子这样做，她专程赶回家里，耐心地对马克说明这样做是不礼貌的，同时严厉指出这样做的严重后果，及时制止了马克这种不良的行为。

撒切尔夫人的教子观与我们传统的“授之以鱼不如授之以渔”很相似，她说：“教育子女最重要的不是告诉他们什么是正确的，什么是不正确的，而是要培养他们明辨是非的能力，让他们自己能独立作出判断。”

怎样才能让孩子养成独立判断的能力呢？一方面要让他们多读书，在读书的过程中认真思考，形成自己的是非观念。另外一方面就是要孩子们多经历，能够自己去处理一些事情，比如和同学们之间闹了矛盾之后，要引导孩子自己去化解矛盾。渐渐地就会形成适合他们自己的为人处世的方式，在这个过程中孩子还能学会尊重他人，尊重他们的人格和生活方式。为他们将来走向社会，为他们的人际交往奠定一个良好的基础。

所以，作为对孩子影响力极大的父母，不但要有自己做事的原则，有自己的是非观念，把自己的是非观传达给孩子的同时，还要培养孩子辨别是非的能力，这样才能引导孩子走向一个光明的人生。

培养一个明辨是非、正直的男孩需要让孩子在日常生活中对事物做出鉴别，并决定自己的行为选择。我们的孩子在成长后也将面临无数和我们一样的问题，所以，若想真正使孩子理性地看待问题就绝不能仅仅停留在一些一厢情愿的人生准则上，而应对社会现实保持敏锐的观察力，通过对事物的准确判断，做出适当的行为选择。

宽容别人，就是在善待自己

一位哲人说过："错误在所难免，宽恕就是神圣。"宽容和忍让能够换来最甜蜜的结果。一个人经历过一次忍让，他的心胸就会更宽阔一些。多一分宽容，就会多一个朋友，少一个敌人。如果没有宽恕之心，生命就会被无休止的仇恨和报复所支配。忍让和宽容不是懦弱和怕事，而是关怀和体谅，以己度人，推己及人，我们就能与别人和睦相处，甚至能够化敌为友。宽容了别人，他人得到了解脱，露出了微笑，也会给自己带来快乐。

因此，父母要培养孩子宽容的品质，当你的孩子懂得宽容人的时候，就会得到快乐。赢得更多的朋友，就会开启一扇明亮的窗。

教育点一：宽恕别人，成就自己

一位哲人曾经说过："以恨对恨，恨永远存在；以爱对恨，恨自然就会消失。"面对别人的伤害，我们要以德报怨，时刻提醒自己，让伤害到自己这里为止。如果孩子能不计前嫌，学会宽容，就会赢得朋友，成就自己。

明末清初，苏州经历了一场罕见的大瘟疫，死人不计其数。当时的苏州府为了制止瘟疫流行，组织了医局，请当地名医轮流坐诊，为前来求医的人治病。

有一天，一个差役来到医局。他全身水肿，皮肤已呈黄白色。名医薛雪为他切脉检查后，认为他已病到晚期，没治了，叫他回去“料理后事”。差役哭丧着脸出了医局大门，正巧碰上来接班的名医叶天士，叶天士重新为差役诊视一遍，发现差役的病是由于长期使用一种有毒的驱蚊香而引起的。于是，他给差役开了一副解毒药。差役服后，不久便痊愈了。

很快，这件事传到了薛雪的耳朵里。薛雪觉得叶天士是有意贬低别人，抬高自己。两人同住在一条街，名声本不相上下，经常有好事者拿他俩比高低，故此早有嫌隙。薛雪越想越怒，一气之下，将自己的住宅起名为“扫叶庄”。叶天士闻讯后，也不示弱，把自己的书房更名为“踏雪斋”。从此两人不相往来。

几年后，叶天士80多岁的母亲病了。按病情应服“白虎汤”，但叶天士因担心药力太猛，母亲年老体弱经受不起，所以不敢使用，只是开了几剂药力较缓的药给母亲服用，结果病情总不见好转。

薛雪听说此事后，从侧面了解到叶母的病情，便对别人说：“此病非用‘白虎汤’不可。只要对症下药，药力猛一点怕什么？”有人把这话传给了叶天士。叶天士虚心采纳了这个意见，给母亲服用了“白虎汤”，病果然好了。为此叶天士登门致谢，薛雪说：“医者，贵在救人也，岂可以计私怨乎？”于是二人从此结为好友。

宽容不仅是容忍他人的小错误，还包括为人豁达、不计前嫌、以礼待人等。父母要从小让孩子懂得“不计前嫌，以礼待人”是一种难能可贵的精神，也是一个人品德高尚的表现。

教育点二：宽容胜过报复

宽容胜于报复，因为宽容是温柔的象征，而报复是残暴的标志。所以父母要让男孩懂得“以德报怨”。

小男孩哈根有一条非常可爱的狗。不幸的是，有一天下午他的狗被邻居家的狗咬死了。小男孩简直气疯了，发誓要打死凶手，为他的宝贝狗报仇。

哈根的父亲很理解儿子的情绪，他知道凭语言无法说服儿子，于是他把哈根领到了邻居家的院子后面。

“那条狗在这儿，”父亲对哈根说道，“如果你还想干掉它的话，这是最容易的办法。”父亲递给哈根一把短筒猎枪。哈根犹疑地瞥了父亲一眼，点了点头。

哈根拿起猎枪，举上肩，黑色枪筒向下瞄准。邻居家的大黑狗用一双棕色眼睛看着他，高兴地喘着粗气，张开长着獠牙的嘴，吐出粉红的舌头。就在哈根要扣动扳机的一刹那，千头万绪闪过脑海。父亲静静地站在一旁，可他的心情却无法平静。涌上心头的是平时父亲对他的教诲——我们对无助的生命的责任，做人要光明磊落，是非分明。他想起他打碎妈妈最心爱的花瓶后，她还是一如既往地爱他；他还听到别的声音——教区的牧师领着他们做祷告时，祈求上苍宽恕他们如同他们宽恕别人那样。

于是，猎枪变得沉甸甸的，眼前的目标变得模糊起来。哈根放下手中的枪，抬头无助地看着爸爸。爸爸脸上绽出一丝笑容，然后抓住他的肩膀，缓缓地说道："我理解你，儿子。"这时他才明白，父亲从未想过他会扣扳机。他要用一种明智、深刻的方式让他自己做出决定。

哈根放下枪，感到无比轻松。他跟爸爸蹲在地上，解开大黑狗，大黑狗欣喜地蹭着他俩，短尾巴使劲地晃动，仿佛在庆幸自己免遭枪杀。

宽容是消除报复的良方。对于宽容的男孩来说，没有什么是不可以饶恕的。在他宽恕别人的同时，也会将自己内心的仇恨一并消除，从而获得更多的快乐。

教育点三：如何培养宽容的男孩

男孩子大都具有"自我保护"意识，缺少宽容精神。有专家指出：孩子们之所以不会宽容，是因为别人没有给他们宽容的机会，在生活中，也很少有人向他们提出这种要求。在家庭教育的过程中，要培养孩子的宽容品性，父母们应该做到以下几点。

1. 父母要起表率作用，在家庭成员间要做到友爱、宽容

如果你希望自己的孩子学会宽容，你首先应该具有宽容的品质和开阔的心胸。如果父母本人总是无视他人意见，心胸狭窄，对别人总是要求苛刻，为一点小事争执不休，为一点小利斤斤计较，习惯于将自己的意志强加于人，而不给别人改正的机会，孩子又怎么能学会宽容呢？孩子是父母的影子，父母有一颗宽容之心，宽容的品质才会体现在孩子身上。

2. 家长要引导孩子学会设身处地地为对方着想

家长要让孩子明白一个道理：人人都有缺点和不足，在和同伴相处的过程中，没有必要求全责备，只要不是特别过分，就应该对他人予以理解和宽容。家长应该多让孩子和小伙伴们交往，其实，宽容之心只有在交往活动中才能培养起来。

3. 让孩子亲近大自然

大自然是一本永远也读不完的最生动的教科书。很多学者都曾经说过，大自然的博大与雄浑可以使人心胸开阔，性格开朗，心情愉悦，进而使人产生宽容之心。因此，家长应该多带孩子亲近大自然，让奔腾的河流、浩瀚的大海、秀丽的湖光山色陶冶孩子的心灵，开阔孩子的视野和胸襟。

4. 让孩子学会从别人的角度考虑问题，并且承认对方有表达自己看法的权利

那么，你不仅可以了解别人，赢得友谊，而且，会与别人很好地沟通。

5. 家长要鼓励孩子接纳新事物

其实，作为一种处世原则，宽容不仅体现在对“人”的态度上，也体现在对“事”对“物”的态度上。我们这个社会发展变化很快，因此，父母要引导孩子多见识一些新生事物，让孩子喜欢并且乐意接受新生事物，学会知变和应变。

懂得尊重别人的男孩，才能赢得尊重

要想收获别人的尊重与信任，首先我们就应该懂得尊重与信任别人。很多时候，我们对待别人的方式，其实就是别人会对待我们的方式。报以敬意与信任，又怎么会得不到别人同样的馈赠呢？

汉代名将张良，从小就是一个懂得尊敬别人、信守约定的好孩子。

有一天，张良悠闲地在桥上散步。有位老人，穿着粗布短衣，走到张良跟前，故意把穿在脚上的草鞋丢到桥下，并且看着张良说："小子，去把鞋给我捡回来！"

张良愣了一下，但是看他年老，就到桥下取回鞋子，递给他。

老人坐在桥头，眼皮也不抬一下，就说："给我穿上。"

于是，张良跪在地上，老人心安理得地伸出脚让张良把鞋穿上，然后老人笑着离开了。

张良非常吃惊地望着老人的背影。谁知，那个老人走了几步又转过身来，对着张良招招手，示意张良到他跟前去。张良乖乖地走上前，老头和蔼地对他说："我看你这娃不错，值得教导。五天后天一亮，和我在这里见面。"

张良行了个礼说："是。"

五天后，天刚刚亮，张良来到桥上，那个老人已经坐在桥上等着张良了，老人很生气地说："现在天已经亮了，年轻人这么不守信用，和长辈约会还迟到，一点起码的礼貌道德都不懂，长大后还能有什么作为。五天以后，鸡叫时来见我。"说完老人就走了。

又过了五天，鸡刚叫，张良就去了，老人又已经先到那里了。老人十分生气地说："我已经听见三声鸡叫了，你怎么才来，我在这里已经等你好长时间了，五天以后你再早一点儿来见我吧。"

又过了五天，张良半夜就到桥上等着那个老人。一会儿，老人来了，看到张良，他高兴地说："年轻人要成大事，就要遵守诺言，说什么时候到就什么时候到。"接着老人又从怀里掏出一本又薄又破的书，说："读了这本书，就可以成为皇帝的老师。这话会在10年后应验。10年后天下大乱，你可用此书兴邦立国。13年后，你会在济北见到我。"说完之后，老头儿就离开了，以后再也没有出现过。

天亮时，张良看老人送的那本书，原来是《太公兵法》，又叫《黄石兵书》。

从老人那里得到宝书的张良，从此以后，日夜研习兵书，俯仰天下大事，终于成为一个深明韬略、文武兼备、足智多谋的"智囊"。后来他帮助汉高祖刘邦完成了统一大业，成为历史上有名的将领。

尊重别人、信守承诺，这样才能让别人尊重自己、信任自己，从而成就一番大事业。所以父母应该把尊重别人这样的美德从小灌输给男孩。当他们遇见和自己关系并不太要好的同学时，提醒他们每次见面都要主动打招呼，报以微笑与尊重，渐渐地会发现他们之间也会成为非常好的朋友的。相反，当他们以不友好、不信任的态度对待别人，即便那个人是你的好朋友，他们关系也会疏远的。所以，在日常的生活要让孩子懂得尊重别人，只有尊重他人，才能赢得他人的尊重。

教育点：培养男孩懂得尊重

孟子曾经说过："爱人者，人恒爱之；敬人者，人恒敬之。"一个人只有懂得尊重别人，才能够赢得别人的尊重。尊重他人，不仅是一种待人接物的态度，还是一种高尚的道德品质，是男孩走向文明的起点。那么，怎样培养懂得尊重的男孩呢？下面的一些方法对教育孩子学会尊重别人有指导意义。

1. 父母要尊重男孩的人格

世界著名教育家池田大作说："尊重孩子的人格，孩子便学会尊重人。"要教育孩子，首先要尊重孩子。在与孩子交流时要平等，在此基础上才会努力地去理解孩子的想法。这种平等的关系会使男孩愿意同父母交流，并能听得进父母的说教，这是做好男孩教育的首要条件。为了做到这些，我们在对男孩的教育上要尽可能地多一些人性化，从男孩容易接受的事和有关的问题出发，给他提建议，让他明白哪些该做、哪些不该做。孩子最初的受人尊重的感觉是从父母那里得到的，尊重别人的意识也是在日常生活中经过多次的训练、教育和不断地强化而逐渐建立起来的。而且只有那些能够得到父母的尊重与爱的孩子，才会懂得如何去尊重别人、爱别人。所以，家长请不要忽视孩子的"平等观"，爱他就要让他知道你很尊重他。应放下长辈的架子，蹲下身来与孩子交谈，而不要总给孩子"高高在上"的压迫感。

2. 在日常生活中教男孩学会尊重

平时，家长要有意识地向男孩介绍每个亲朋好友的职业、性格、优点，鼓励孩子学习他人的优点。家长也要培养孩子谦虚谨慎的好品格，不骄傲自满，不以自己的长处比他人的短处，让孩子明白"金无足赤，人无完人"的道理，正确看待他人的缺点和不足，绝不拿他人的过失或不幸做笑料。同时，更重要的是要在日常生活中训练和督促孩子尊重他人。例如，上学时主动向老师同学问好；遇到熟人热情打招呼；请人帮助要先用礼貌称呼，再说明事由，事后要道谢；家中来客人要热情迎送等。

3. 不随意指责男孩的错误

当西奥多·罗斯福入主白宫的时候，他承认：如果他的决策能有 75% 的正确率，那么就达到他预期的最高标准了。像罗斯福这样的杰出人物，最高的希望也只是如此，那么，我们呢？

人无信不立，让男孩恪守他的承诺

一个成功的、对社会、对他人负责的人，必然是以诚信为前提的。社会中的成功者大都是信守承诺的人。诚信如此重要，因而也是我们家庭教育中不可或缺的一课。在日本，诚信教育几乎贯穿人的一生。在家庭中，父母经常教育孩子“不许撒谎”；到学校里耳濡目染的是“诚实”二字；在公司里“诚信”是普遍的经营理念。

日本很多学校的校训中有“诚实”二字，如东京文京女子中学的校训是“诚实、勤勉、仁爱”；泰星中学的校训是“诚实、品位和刚毅”。泰星中学的校长说，诚实就是对所有人都要以诚相待，人最重要的表现就是诚实。因为诚实，所以要一诺千金，以坚强的意志实现诺言。横滨翠陵中学的教育方针是“自立、诚实、实行”，以培养自主性强、诚实、能身体力行的人为己任。像这样的校训在日本不胜枚举。

日本的学校，诚信教育也并不是一句空话，而是贯穿于学生学校生活的始终。日本学校有一种伦理课，诚实、善良、向上、奉献、谦让、名誉、正义是其主要内容。日本中小学生每人都有一本道德手册，名为“心的笔记”，用通俗易懂的语言，记载着各种道德规范，诚实是重要内容之一。

信用是为人的根本。不讲信用，难以在社会上立足。今天，作为孩子的父母应让涉世不深的孩子懂得，人活在世上，必然要和周围的人打交道，而同学与同学之间、人与人之间的关系与友情，需依赖信用维系。自古及今，人们往往痛恶尔虞我诈、轻诺寡信的行为；崇尚“言必信，行必果”“一言既出，驷马难追”、说话算话的君子作风。为人处世恪守信用，恪守自己的诺言才能交到知心朋友。有了知心朋友，在学习上才能取长补短，在事业上才能互相帮助、互相鼓励。

教育点：如何培养诚信的男孩

这是一个诚信的时代，作为养育孩子的父母，不但要提高自身的诚信修养，对周围的朋友和同事，要讲信用，而且要把这种品德潜移默化地传达给孩子，把孩子培养成为一个讲信用的人。讲诚信的孩子，会赢得朋友，赢得信任，赢得工作和美好的生活，最终也将会赢得一个漂亮的人生。那么，父母又该如何教育孩子呢？

1. 父母要以身作则

在日常生活中，父母一定要说话算数，不管有多大的困难，答应别人的事绝对不能找任何借口。家长是孩子的第一任老师，父母是孩子的镜子，孩子是父母的影子，父母的一举一动直接影响到孩子的将来。要孩子言而有信，自己必须身体力行。

2. 当孩子撒谎时，要了解撒谎的原因

孩子撒谎有时是因为做了错事，怕受责备和惩罚；有时是为了逞能，或者满足自己的虚荣心。正确的做法是：先了解孩子撒谎是为了什么，然后再对症下药。

3. 了解孩子的朋友

“近朱者赤，近墨者黑”，撒谎的孩子必定有爱撒谎的朋友。虽然我们不赞成家长干涉孩子交朋友的自由，但我们必须让孩子明白，交友也必须有选择。

4. 对孩子要正确引导

教育孩子对别人要讲信用、负责任，答应别人的事要兑现；如果经过再三努力仍没有做到，应诚恳地说明原因，表示歉意。当孩子诚实守信用时，父母要及时鼓励。时间长了，孩子就会养成言而有信的好品德。

第六章 把潜力扩大到N次方
——激发男孩的创造潜能

每个男孩天生都有创造的愿望和能力

创新，源自拉丁文，是“生长”的意思，也是源于古罗马五谷女神塞瑞斯的名字。创新不是天上掉下来的恩物，创新源自地上，植根于泥土，影响着生活。

人类社会发展进步的历史就是不断创新的历史。人类学会了驾驭马匹以代替步行，当他们觉得马车仍不够快时，他们就幻想着能够像鸟一样自由地飞，于是就有了汽车，有了飞机。人类就在不断创新中得到飞速的发展。

人们从科学技术日益迅猛的发展进步中，越来越深切地感受和认识到创新的重要和可贵。有识之士提出了响亮的口号：“创新是21世纪的通行证。”

海尔CEO张瑞敏在接受《中外管理》杂志采访时，表示：“我佩服GE韦尔奇，他既能把企业做大，同时又能把企业做小。在全球企业中，只有他做到了。”张瑞敏所欣赏的，也正是海尔自己正在做的。海尔要把每个员工经营成SBU，就是要充分发挥每位员工的创新精神，成为海尔发展的动力，从而保持企业安全稳定、快速永续的发展。

SBU是strategical business unit的英文缩写，即“战略事业单位”的意思，不仅每个事业部而且每个人都是一个SBU，那么集团总的战略就会落实到每一位员工身上，而每一位员工的策略创新又会保证集团战略的实现。

所谓SBU，用海尔副总裁、商流推进本部部长周云杰的话就是“每个员工都是一个公司”。因为既要有大企业的规模，又要有小企业的快速反应，因此必须把大企业的航母变成无数个可以拆分的单独作战的主体，不是“各自为政”，而是“各自为战”，所以，就要把每个员工都变成一个“战略事业单位”。

海尔的做法是使得企业中的每个人都是一个公司，都能够进行自主经营，海尔把这个思路叫作“每个人都成为一个SBU”。其本质是将创新精神作为基因植入员工身上，在这个基础上创造有价值和竞争力的订单。SBU经营作为一种倡导员工自我经营的领先的经营理念和经营方法，一方面赋予每个人一片独立创新的天地，可以最大限度地激发员工的潜能、创造性和积极性，实现了员工创新空间和自我价值实现的最大化，是一种真正的本能管理模式；另一方面，每个人都是一个市场，每个人又直接面对一个市场，每个人的报酬与他的市场订单直接挂钩，按效分配，体现了市场经济时代分配的公平性。

张瑞敏不仅懂得创新对企业发展有重大的意义，而且懂得如何发挥每一个人在创新中的价值。他认为企业中的每一个员工都是创新的原动力。每一个人也都有创新的欲望，只要把员工的创新欲望恰当地引导出来，就会创造出更大的价值。

因此，我们做父母的也应当明白男孩子心中的创新欲望，他们也是创新的主力军，只要父母在日常教育中给予正确的引导，就能挖掘他们自身的潜能，创造更大的价值，在他们成长的日子里创造更大的辉煌和成就。

教育点一：告诉孩子创新无处不在

“创新”对于男孩子来讲都有一种熟悉的陌生感，熟悉是因为他们在生活和各种媒体中能常常见到，陌生是因为他们觉得它很神秘。说到创新，男孩子立即会想起牛顿，想起爱因斯坦，仿佛创新就是他们这些人的专利似的。事实上并非如此，有人曾说过：“创新存在于任何时间，任何地方。”

一位成功人士说过，任何人都可以推陈出新，所以父母应该让男孩子明白：一个人要想有所创造，重要的是具有创新意识和观念以及勇于尝试的精神。而对生活产生较大影响的创新发明多数都是普通人在寻常生活中发明的，而不是出现在实验室或者研究机构。

日本一位家庭主妇，将收缩薄膜覆盖在晒衣竿上并浇上热水。由于薄膜收缩，贴在晒衣竿上，于是变成了晒衣竿的塑料薄膜。这是20年前的一件价值100万日元的发明。

纺织厂的纺锤本来是卧式转动的，一天，英国纺织工哈格里夫斯偶然发现家里的纺车被妻子珍妮无意中碰倒了，使横架的纺锤竖直起来，哈格里夫斯这时想：纺锤能不能立着转呢？如果可以的话，不是可以用一个纺轮带着许多个纺锤同时转动，一下子纺出好几根线吗？正是这一思路，新的纺织机问世了，将纺锤增加到8个，从此，纺织业的工效提高了8倍。它的发明者为了纪念自己的妻子，将这部最早用于生产的机械纺机命名为“珍妮机”。“珍妮机”的运用降低了棉纱的生产费用，扩大了市场，给工业以最初的推动力。

因此，父母要让男孩子明白：创新存在于他们生活的每一个角落。只要他们能够用心观察自己的生活，积极思考，在平凡的生活中充分发挥自己的创造性，那么他们都可以进行创新活动，在他们的学习、生活和工作的各个方面都可能迸发出创新的火花。

教育点二：创新首先把简单的事情做好

创新能力，是每个正常男孩所具有的自然属性与内在潜能，普通人与天才之间并无不可逾越的鸿沟，惠能和尚甚至说，“下下人有上上智”。创新能力与其他能力一样，是可以通过教育、训练而激发出来并在实践中不断得到提高的。怎样才能迅速提高男孩的创新能力呢？那就是让他们耐心地把简单的事情做好。只有做好了简单的事情，才能积累更多的经验和智慧为开拓一条创新之路奠定坚实的基础。

有一位青年在美国某石油公司工作，他所做的工作连小孩都能胜任，就是巡视并确认石油罐盖有没有自动焊接好。石油罐在输送带上移动至旋转台上，焊接剂便自动滴下，沿着盖子回转一周，作业就算结束。

他每天如此，反复好几百次地注视着这种作业，枯燥无味，厌烦极了。他想创业，可又无其他本事。他发现罐子旋转一次，焊接剂滴落39滴，焊接工作便结束了。他想，在这一连串的工作中，有没有什么可以改善的地方呢？一天，他突然想到：如果能将焊接剂减少一两滴，是不是能节省点成本？于是，他经过一番研究，终于研制出“37滴型焊接机”。

但是，利用这种机器焊接出来的石油罐，偶尔会漏油，并不理想。但他不灰心，又研制出“38滴型”焊接机。这次的发明非常完美，公司对他的评价很高。不久便生产出这种机器，改用新的焊接方式。虽然节省的只是一滴焊接剂，但“一滴”却给公司带来了每年5亿美元的新利润。

这位青年，就是后来掌握全美制油业95%股权的石油大王——约翰·D.洛克菲勒。

其实，男孩人生的改变总是从有所创新开始的，“改良焊接机”改变了洛克菲勒的人生。他成功的关键在于，他特别注意普通人往往会忽略的简单小事，能见别人所未见，才能做别人所不能做的事。因此，要想让男孩成为事业的佼佼者，需要他们从简单的事情做起，发挥自己的能动性和创造力，才能创造出不平凡的业绩，为我们的人生画上亮丽的一笔。

培养男孩的想象力

爱因斯坦认为想象力远比知识本身更重要，父母在教育男孩学习好文化知识的同时，要重视想象力的培养。因为知识是有限的，而想象力概括着世界上的一切，并推动着进步。想象是知识进化的源泉。同时想象力也是一种很重要的商业思维。

哈佛商学院的教授们认为，想象力是很重要的商业思维之一，这种思维对商人来说是一种很重要的能力。想象力在商业思维中，常常表现为一种高瞻远瞩的能力，只有想象力丰富的人，才能高瞻远瞩，比他人看得更远，发现其他人发现不了的商机。

世界“假日客栈之父”、美国巨富威尔逊在创业初期，全部家当只有一台分期付款“赊”来的爆玉米花机，价值50美元。第一次世界大战结束时，威尔逊的生意赚了点钱，便决定从事地皮生意。当时干这一行的人并不多，战后人们都很穷，买地皮盖房子、建商店、盖厂房的人并不多，因此地皮的价格一直很低。

一些朋友听说威尔逊要干这不赚钱的买卖，都来劝阻他。但威尔逊却坚持己见，他认为这些人的目光太短浅。虽然连年的战争使美国的经济衰退，但美国是战胜国，它的经济会很快复苏的，地皮的价格一定会日益上涨，赚钱是没有问题的。威尔逊用自己的全部资金，再加一部分贷款买下了市郊一块很大的地皮。这块地由于地势低洼，既不适宜耕种，也不适宜盖房子，所以一直无人问津。可是威尔逊亲自去看了两次之后，便决定买下那块杂草丛生的荒凉之地。

这一次，连很少过问生意的母亲和妻子都出面干涉。可是威尔逊却认为，美国经济会很快繁荣起来，城市人口会越来越多，市区也将会不断扩大，他买下的这块地皮一定会成为“黄金宝地”。

事实正如威尔逊所料，三年之后，城市人口剧增，市区迅速发展，马路一直修到了威尔逊那块地的边上。人们这才突然发现，这里的风景实在迷人，宽阔的密西西比河从它旁边蜿蜒而过，大河两岸，杨柳成荫，是人们消夏避暑的地方。于是，这块地皮身价倍增。许多商人都争相出高价购买。但威尔逊并不急于出手，真是叫人捉摸不透。

其实这便是成功经营者高明的地方，威尔逊自己何尝不知道这块地皮的身价，不过他看得更远：此地风景宜人，必将招来越来越多的游客，如果自己在这里开个旅店，岂不比卖地皮更赚钱？于是威尔逊毅然决定自己筹措资金开旅店。不久，威尔逊便盖了一座汽车旅馆，取名为“假日客栈”。假日客栈由于地理位置好、舒适方便，开业后，游客盈门，生意兴隆。从那以后，威尔逊的假日客栈便像雨后春笋般出现在美国与世界其他地方，这位高瞻远瞩的“风水先生”获得了巨大的成功。

威尔逊告诉我们，比别人看得更远是发现商机、获得财富的一种很重要的能力，也是一种很重要的商业思维，这种商业思维将会为男孩将来走上致富之路提供很大的帮助。因此，父母要在日常生活中培养男孩这种高瞻远瞩的能力，这样才能见别人之未见，抓住商机，赢得财富。

教育点：游戏是开发想象力的一种捷径

想象力对于男孩的成长是如此的重要，父母要想让孩子拥有一个想象力丰富的头脑。需要在日常生活中培养。教育学家告诉我们，培养想象力最方便有效的方式便是游戏。在游戏中培养我们想象力的观点被越来越多的人认同和关注。下面这个游戏可以帮助我们培养想象力。

游戏的过程是这样的，游戏的主持者为了让每一个参与者进入放松的状态。主持者有语言导向带领大家进入游戏：请大家自由地呼吸并闭上眼睛。

自由呼吸，心无杂念。这样就开始了一次想象之旅。集中注意力于我的语音，并感觉你的身心开始越来越放松……继续放松……

你周围是一片黑暗……你完全被夜色所包围……你感到温馨、放松和自如。集中神志于你的呼吸，轻松地慢慢呼吸。集中神志于你周围的令人舒服的夜色，在远处，你仿佛看到了一个圆圆的小物体。慢慢地、逐渐地，它离你越来越近，最后离你只有1米远；它悬挂在黑色夜中，就在你的眼前。这个物体上有一个钟表，它的时针和分针都指向了12，这是一个普通的表，有普通的黑色指针和普通的……白色的……表盘。

当你继续集中神志于表盘和指向12的指针的时候，你开始感到时间好像开始凝固了。现在，慢慢地，分针开始沿着表盘走动，开始的时候很慢，然后稍快，后来更快。在几秒钟的时间之内，它已转了一圈，时针现在指向1点了。分针继续转动，而且速度越来越快，因此时针也从一个数字跳到另一个数字，速度越来越快……当指针继续绕着表盘旋转的时候，你感到自己正被轻轻地拉……轻轻地被拖进未来之城……当你穿越时间的时候，缕缕的空气轻轻地擦着你的肌肤……直到最后，你开始慢下来……表针终于停下来了，整整10年已经过去了。

你向左边的远处看去，看到在光亮的地方有个人。那个人就是你，10年后处在理想的工作环境中的你。对你来说万事如意。将你的意识融到未来的你的身上，感受未来的温馨和积极。现在环顾四周，谁和你在一起？你看到了什么样的工作环境？你看到了什么样的设施和家具？周围的人们在说什么？这里有一扇窗户吗？你能看到窗外吗？如果能，你看到了什么？集中神志于你能看到的、感觉到的和听到的细节，并让自己感受未来之你的成就和纯粹的满足……

现在你感到自己又被拖进黑暗中，直到在远处，另一个场景开始浮现。就在正前方，你看到自己在另一个光明之地。这次是整整10年之后，你处于一个理想的家中，诸事完美……万事如意……你的身心洋溢着温馨、自豪的感觉……在光明之地环顾四方。谁和你在一起？你看到了什么家具？尽量集中神志于声音，让意象越来越清晰。集中神志于你能看到的、感觉到的和听到的细节，并让自己感受未来的你的成就和纯粹的满足。

当你又被轻轻地拉向黑暗时，光明之地开始暗下来……当我告诉你睁开眼睛时，你将重新回到现在，你将回忆起你美好的未来形象，那些美妙的成就感和满足感将在心中留驻……好了，慢慢地、慢慢地，睁开你的眼睛，你又回到了现在。

游戏结束后，让参与者记下某些意象中的细节。让他们写下一个简短的计划，表明从现实到想象意象的过程中，他们有什么收获。最后，就想象和为激励做规划的重要性展开讨论。

可见，这个有趣的游戏让男孩进行了一场想象之旅。这个游戏只是一个范例，父母还可以通过其他的游戏来培养男孩的想象力，这样在游戏中不但能体会到乐趣，还能增长智慧。在游戏中锻炼了男孩的想象力，丰富的想象力可以让孩子们的生活更有创意，更加绚烂多姿。

想象力的缺乏一直是许多男孩实践能力差的原因之一。那么如何提高自己的想象力呢？父母不妨从以下几个方面培养。

1. 要让孩子养成多提问题的好习惯

好奇心是每个人都有的，好奇心是推动男孩进行创造性思维的内在驱动力。当他们不断提出各种各样的问题时，父母要引导他们通过自己独立思考来寻找答案。

2. 丰富男孩头脑中表象的储存

表象是外界事物在人的头脑中留下的影像，是具体、形象的。因为表象是想象的基础材料，所以男孩头脑中的表象积累得多，就有进行想象的丰富资源。带领男孩经常去博物馆参观、到郊区游览、参加各种公益活动或走亲访友等，都可以让他们自己记住许许多多的表象。为了记得多、记得准、记得牢，可以通过写日记，把头脑中的表象再现出来。

3. 扩大语言文字的积累

想象以形象为主，但离不开语言材料，特别是需要用口头语言或书面语言将想象的内容表述出来时，语言材料起着重要作用，因此，要男孩扩大语言文字的积累。比如，让他们备一个摘抄本，把阅读中遇到的名句、名段摘抄下来，平时可拿来翻阅。

4. 多在实践中获得知识

俗话说“读万卷书，行万里路”，让男孩多接触社会、接触大自然，开阔眼界和心胸，在玩耍中增长见识。再者，学一门乐器或学学绘画，这些都是培养创造力的好办法。积极参加课外兴趣小组活动，每一种兴趣小组活动都有大量的形象化的事物进入自己的脑海中，且需要进行创造性想象才能完成活动任务，这对提高想象力十分有益。

“创造大王”在破坏中成长

家长们经常会遇到这样一些令人头疼的问题：男孩似乎特别具有破坏欲望，什么东西到了男孩手里，没一会儿就能把它大卸八块，弄得你哭笑不得。一些家长为了保护玩具，不许男孩任意摆弄玩具，更不许男孩拆卸。殊不知，家长们这种做法是本末倒置的，只保护了玩具，却破坏了男孩的好奇心和探索精神。

创造精神一个明显的特征就是男孩们总拥有极强的好奇心，刚对世界有了一个最初认知的男孩，对一切都充满了求知的欲望。

一个男孩的母亲，因男孩把她刚买回家的一块金表当新鲜玩具给拆坏了，就狠狠地揍了男孩一顿，并把这件事告诉了男孩的老师。不料，这位老师幽默地说：“恐怕一个中国的‘爱迪生’被你枪毙了。”这个母亲不解其意，老师就分析说：“男孩的这种行为是创造力的一种表现，你不该打男孩，要解放男孩的双手，让他从小就有动手的机会。”这个老师就是著名的教育家叶圣陶。

男孩对生活里的一切都充满好奇，男孩在这些千奇百怪的想象里成长着，破坏着。作为父母，应该注意保护好男孩的好奇心，不可扼杀男孩的好奇心。

温帆是武汉科技大学电信系的大学生。在学校期间，他有四项发明获得了国家专利，“带打气筒的自行车”“可以转换多种锤头的锤子”等都是他多维思考的产物。而他的父母亲从小就很注重培养他的多维思考能力。

在温帆很小的时候，有一次，父母花了两个月的工资买了台收音机。一天妈妈下班回到家，忽然发现儿子把收音机拆了，于是便问：“你怎么把收音机拆了？”

温帆说：“阿姨在里面唱歌，我想看看阿姨在里面怎么唱歌。”

妈妈一听，不仅没有生气，反而很高兴地对儿子说：“你的想法真不错！阿姨在很远很远的地方唱歌，不管是天上、地下、海里，你都能听得见。这是为什么呢？你长大了就可以去探索这个！”

温帆的想象力和好奇心一直得到母亲的鼓励，他对无线电、电子、电波越来越感兴趣，上大学的时候就报考了电子信息专业，从某种意义上说这都是对他童年好奇心的回应。

还有一次，父亲在修自行车时让他当助手，对他说：“跟我修这一次以后，下次就完全交给你自己修了。”

温帆很有体会地说：“父母让我多动手做实验，多观察别人的做法。看得多了，在做同样事情的时候，我就能从多方面切入，想能不能做得更好，把它提高一个档次？于是，在搞发明创造时我便不断有新想法冒出来。”

能拆开玩具，说明男孩有好奇心，有求知的欲望，能自己去看待问题、研究问题。所有的父母都希望自己的男孩能够成才，为了给男孩努力的方向，他们不惜花钱让男孩上各种各样的培训班，向男孩讲述成功人士的成长经历，希望借此找到男孩的成才之路。但他们或许不知道，可能仅仅是对男孩拆东西的批评，就可能断送男孩一生的命运。所以当父母的不能一味地批评，更不要扼杀男孩的好奇心，否则的话，就扼杀了将来的人才，因为生存的技巧就在于他们敢不敢去探索知识，去探索未来。

教育点：永葆好奇心就会学到更多的知识

生活中的男孩不是他们喜欢破坏，而是好奇心驱使他们去钻研。男孩身上这种驱使他们去求知的好奇心，我们做父母的要倍加呵护，只有保护了他们的好奇心，才能让他们学习到更多的东西。

一位学者指出：“人们只有在好奇心的引导下，才会去探索被表面所遮盖的事物的本来面貌。”好奇是铸就成功和杰出的最重要的因素。因为只有好奇心才能产生兴趣，只有感兴趣才能产生探索的欲望和动力。很多成功者成功的秘诀，就在于永远保持一种好奇心。

贝时璋是我国著名细胞生物学及生物物理学的奠基者、教育家、科学活动家、中国科学院生物物理研究所名誉所长、中国科学院资深院士。他之所以能取得如此令人瞩目的成就，就是因为他一直都在为自己感兴趣的事业而努力奋斗，就是因为他永远都对未知的领域感到好奇。

贝时璋出生在农村，人很老实，很少出门，但是他对周围的事物充满了好奇心。他3岁时，被爸爸带到祠堂里去祭拜祖宗。祠堂门口石狮子嘴里的圆球引起了他强烈的好奇心：这圆球既能滚动，又不掉出来，这是怎么回事呢？他开始用好奇的眼光看待周围的一切，经常琢磨着这些“奇异的事情”。

后来，他爸爸带着他到上海。一路上，贝时璋看到了以前从未看过的“新奇”。他看见了拉纤人，看见了船老大把橹摇得飞快，看到了乡下从未有过的轮船，还有船舱里的灯居然没有灯油……贝时璋百思不得其解，一连串的“为什么”使得他对这些东西更加好奇。

到了上海后，贝时璋对看到的一些事情更感“稀奇古怪”了：上海的黄包车是人在前面拉，而家乡的独木车却是人在后面推；上海商店橱窗里有自己会转动的“洋模特”，家乡的那些玩具既简陋又不会自己转动；上海的灯按一下“扳头”就会亮，而家乡的灯不仅要加煤油，还要用火点着才能亮……

短短的上海之行，使得贝时璋大开眼界，同时，也引发了贝时璋心中无限的遐想，勾起了他琢磨这些奇异现象的冲动。

贝时璋上学后，变得更加有好奇心，他非常勤奋地学习各种新鲜有趣的知识，把看到和想到的，统统记下来，然后利用学到的知识解释自己以前感兴趣、但又没有搞清楚的问题。虽然，当时主要学习的是传统的文史知识，古诗词比较多，但是，好奇的贝时璋仍然能够从中找到学习的乐趣。

凭着好奇心和求知欲，他不仅学到了不少天文、物理、化学、数学、动植物学方面的知识，还对蛋白质的生命意义有了初步的认识，开启了他研究生物的大门，为以后取得辉煌的成就奠定了良好的基础。

好奇是创造的基础和动力。只要有强烈的好奇心，持之以恒地钻研下去，任何一个普通人都有创造发明的机会。

心理研究表明，当一个人对某些事物产生好奇时，他就会充满兴趣地去研究。他就会变得愉快，精神放松，使大脑高度兴奋。

他的创造性就会得到高度发挥。做父母的要知道，在孩子不感兴趣的领域里，要取得优异的成绩是很难的。是否具有强烈的好奇心和浓厚的兴趣，将在很大程度上决定着男孩参与未来社会竞争的成败。

在男孩的现实生活中，许多孩子一直是被动地接受知识，一直缺乏积极主动探索世界的好奇心，再加上父母对他们的好奇心的管制和干预，使得他们很多人都技能单一、反应迟钝，遇到了能力范围之外的事情就手足无措。

所以，父母要鼓励男孩永葆好奇心，有了好奇心才能不断去寻找想知道的答案，才能学到更多的知识，从而不断进步。

第七章　习惯收获性格，性格收获命运
——成就一生的好习惯

好习惯是训练出来的

拿破仑·希尔说过：“习惯能成就一个人，也能够摧毁一个人。”好习惯是成功的基石。它于经年累月中，影响着我们的品德，塑造着我们的思维方法和行为方式，并且左右着我们的成败。所以说，一个人要想有所成就，取得成功，就必须养成良好的习惯。

一个好的习惯也可以产生巨大的力量，如果你反复地重复着一件有益的事情，渐渐地，你就会喜欢去做，这样一来，所有的困难都显得微不足道了。习惯的力量是巨大的，它可以冲破困难的阻挠，帮助你走上成功的道路。亚伯拉罕·林肯就通过勤奋的训练练就了他简洁、明了、有力的演讲风格。温德尔·菲里普斯也是通过艰苦的练习练就了他那出色的思考能力和杰出的交谈能力。

兰德先生勤奋工作，成效卓著，48 岁，年收入 22.1 万美元，是普通家庭的 5 倍，典型的高收入家庭。望着自己的六辆小车，他很自满，——不过，两辆是租来的，四辆是通过信用方式购买的，当然，房子也是按揭。

表面看，兰德先生勤奋而舒适，实际上，他生活在恐惧中：积累的财富太少，只够他家一年的开销，还不说身后的债。他不得不勤奋，开着他那要不断还钱的进口车，像蜜蜂一样早出晚归。他拼命工作，就是为了还债。

而事实上像他那样的年收入，本该有至少不低于100万美元的净资产，而他没有。其实事情很简单，只需要他改掉乱花钱的坏习惯，改掉那从他父母就开始的坏习惯。

比如兰德夫妇两人一天三盒香烟，46年，花了33190美元——超过他们房子的价钱！如果投资基金，将有10万美元的收益；如果买烟草公司的股票，比如是菲利普·莫瑞斯烟草公司，只买不卖，会怎么样呢？第46年终了，价值会超过200万美元！

可是，他们从来都没想过这样的“小零头”！父母老了，自己也48岁了，依然在高收入的同时，还原本可以早就不用还的债！

他抽烟的父亲只给了兰德先生唯一的好忠告：不要抽烟，一支烟也不要叼在嘴上。

一支烟给兰德先生及家人形成了一天抽掉三盒香烟的习惯，又给他们带来了乱花钱的坏习惯，习惯的点滴而成，可以影响财富的积蓄过程。

当人到了25岁或30岁的时候，我们就很难发现他们会再有什么变化，除非他现在的生活与少年时相比有了巨大的改变。但令人欣慰的是，当一个人年轻的时候，尽管养成一种坏习惯很容易，但要养成一种好习惯几乎同样容易；而且，就像恶习会在邪恶的行为中变得严重一样，良好的习惯也会在良好的行为中得到巩固与发展。

把一种行为养成习惯最简单有效的方法就是——重复多做。这是因为，习惯的养成实际上是动作的积累，脑神经指令的重复。这种行动做得越多，脑神经所受的刺激和记忆就越深，因而反应也会更加熟练，慢慢就形成了习惯。

教育点：利用“21 天习惯养成法”帮孩子养成好习惯

要孩子形成一个好的习惯，家长就要先有一个好心态，不要期望着今天告诉孩子应该怎么做，明天孩子就能如你所愿表现出你所期望的行为。家长要明白“欲速则不达”的道理，要有充分的耐心，加上科学的方法，才能帮孩子养成良好的习惯。

行为心理学研究表明：21 天以上的重复会形成习惯；90 天的重复会形成稳定的习惯。即同一个动作，重复 21 天就会变成习惯性的动作；同样道理，任何一个想法，重复 21 天，或者重复验证 21 次，就会变成习惯性想法。所以，一个观念如果被别人或者自己验证了 21 次以上，它一定已经变成了你的信念。这正是人们常说的“21 天习惯养成法”。

“21 天习惯养成法”把习惯的形成大致分为三个阶段。

第一阶段：1 ~ 7 天。此阶段的特征是“刻意，不自然”。你需要十分刻意地提醒自己改变，而你也会觉得有些不自然，不舒服。

第二阶段：7 ~ 21 天。不要放弃第一阶段的努力，继续重复，跨入第二阶段。此阶段的特征是“刻意，自然”。你已经觉得比较自然，比较舒服了，但是一不留意，你还会恢复到从前。因此，你还需要刻意提醒自己改变。

第三阶段：21 ~ 90 天。此阶段的特征是“不经意，自然”，其实这就是习惯。这一阶段被称为“习惯性的稳定期”。一旦跨入此阶段，一个人已经完成了自我改造，这项习惯就已经成为他生命中的一个有机组成部分，它会自然而然地不停地为人们“效劳”。

中国青少年研究中心副主任、著名青少年研究专家孙云晓研究发现，培养良好习惯一般需要六个步骤：认识习惯的重要、制定行为规范、榜样教育、持之以恒的训练、及时评估引导、养成良好的集体风气，其中，最重要的一步就是：持之以恒的训练。可见，好习惯都是训练出来的。

在快乐的心情中养成好习惯

人总是有趋善、趋乐的趋势，总是向着一种喜欢的、有兴趣的、感觉好的方向走，趋利避害，孩子更是如此。美国著名教育家夏洛特·梅森说：我们对孩子的态度，决定着我们和孩子的关系。让孩子高兴就是养育孩子的原则。如果孩子快乐，他在很大程度上就会成为好孩子。

家长无论做什么，都要让孩子始终保持快乐的心情，否则就会让孩子失去快乐的感觉，以及在他们身体中保持的一些力量和新鲜感。青少年是人生最快乐最美好的时期，但同时也是最脆弱最天真的时期，家长要尤其注意保护好孩子的快乐，让孩子在快乐中学习、成长。

哈佛大学的心理学教授、教育家塞德兹教授就十分注重对孩子的快乐教育。在一次旅行中，小塞德兹就毫不费力地掌握了一个物理学原理。

坐在火车车厢里的小塞德兹指着窗外说道：“那些树木在飞快地向后面跑，爸爸。”

“不，那不是树木在向后跑，而是我们坐的火车在向前跑。”塞德兹笑着对儿子说。

“不，我认为我们坐的火车并没有动，而是窗外的树木在动。”儿子天真地说，“因为我在这儿坐了很久了，并没有发现火车有什么变化，反而发现外面的东西都变了。这不是说明窗外的东西在动还能说明什么？”

“那么，假如现在你不在火车上而是在窗外的话，你会怎么想呢？”

“这个嘛……”小塞德兹想了想说，“一定是我也会向后跑，就像那些树木一样。”

“你能够跑那么快吗？”

“是呀，我能跑那么快吗？这可有些奇怪了。”小塞德兹充满疑问地说。

“虽然你不能回答这个问题，但我仍然向你表示祝贺。”

“什么？祝贺我什么？”

“你今天发现了一个物理现象，当然应该祝贺啦。”

“我发现了一个物理现象？”儿子不解。

“你刚才发现的，正是一个参照物的问题。”于是，塞德兹耐心给他讲解，“你之所以说窗外的树木在向后跑，是因为你把火车当成了参照物，也就是说相对于火车来说，树木的确是向后移动了。反过来，如果把树木当成参照物，火车就是向前跑了。”

“噢，我明白了。怪不得我会认为火车没有动呢！这是因为我把自己当成了参照物。火车带着我向前行驶，我们一起在运动，当然就不会感到它也在动！”小塞德兹说道。

“那么，把你放在窗外会有什么效果呢？”塞德兹问道。

“嗯，假如我站在窗外的地面上并以我自己作为参照物的话，火车就是运动的了。”小塞德兹回答道，“假如仍然以火车作为参照物的话，我就是和树木一样在向后飞跑了。”

“那么，你能跑那么快吗？”塞德兹又一次问道。

“当然能，因为这是相对的，火车能跑多快我就会有多快。”

这样类似的讨论在塞德兹父子之间发生过许多许多次，也正是这种看似闲谈般的讨论使小塞德兹在轻松和有趣之中学到了那些在书本上显得极为晦涩的知识。

同样，家长在训练培养孩子行为习惯的时候也应如此，切忌让训练成为孩子的一件“苦差事”，要时刻谨记让孩子在快乐的心情中得到体验，获得成长。

北京市十佳班主任郑丹娜老师为了帮一年级的小学生们逐步建立起礼仪意识，把各种礼仪规范编成了童谣，如：课上礼仪儿歌“上课时，做正直，两手放平看老师，要发言，先举手，老师允许再开口”；文明礼貌儿歌“春风吹，阳光照，自觉排队进学校，见到师长问声好，见到同学说声早，这样才是有礼貌”；课间礼仪儿歌“下课时，看课表，先把用具准备好，楼中走路靠右行，不打不闹不追跑，安全礼让记心间，学校纪律要记牢”……

除此之外，为了强化学生的规则意识，郑丹娜老师还和孩子们共同创编了一些礼仪口令，如排队时老师说

“快静齐”，学生接着答“让我们的队伍静悄悄”；在楼中行走老师说“靠右行”，学生接着说“不跑不跳不打闹”……

郑丹娜老师曾指出：儿歌的诵读，口令的强化，能够帮学生们逐步建立起礼仪意识，但要真正形成习惯，还需要一个训练的过程。

要想训练收到好的成效，家长就要保证孩子能够快乐地接受训练。如果只是在训练中一味地强调“苦练”，而忽视了孩子的兴趣，那孩子往往会因为家长太过“严格”而产生“逆反情绪”，就会在过度的限制中，厌恶抵抗习惯训练，逃避习惯培养。

马卡连柯曾经说过，在学生的思想和行为之间有一条“鸿沟”，需要用实践把这条沟填满。实践之后才有体验和感悟，才能“养”中育情，以情促“成”。

因此，家长要想出一些巧办法，让孩子在快乐的心情下接受训练。比如，要培养孩子热爱家务劳动的好习惯，就可以让孩子帮忙洗碗，开始的时候如果家长不引导，孩子就有可能只能感受到洗碗会造成满手的油腻，很不舒服，因而对洗碗会产生抵触的情绪。但如果在孩子洗碗的过程中，父母在一旁及时给予适度的表扬，诸如“一点不怕脏，真棒”“东西收拾得真干净”，那么孩子就会从大人那里得到极大的快乐和满足，而这些快乐和满足就完全取代了因为洗碗把手弄油所造成的厌恶和痛苦，孩子今后就还会持续地主动做出同样的行为，形成热爱家务劳动的好习惯。

教育点：让孩子快乐地接受训练

在对孩子进行训练的过程中，家长一定要注意调动孩子的积极性和主观能动性。要根据孩子的天性和个性来培养习惯，把

"苦练"与"趣练"结合起来。可以在训练中增加一定的游戏性，让训练形式多样化，成为一种愉快的活动过程。如学会使用礼貌用语，家长可以选用小品表演的形式；还可以结合故事、童话、儿歌、音乐等形式进行，让孩子在愉快、生动有趣的氛围中接受行为训练，从而达到事半功倍的效果。

别当拖拖拉拉的"小蜗牛"

"明天，明天，还有明天"，很多人总是在这样的自我安慰中度过一个又一个今天，殊不知，时间不停息地奔赴终点，当你把今天应该完成的事拖到明天去做时，这个"明天"就足以把你送进坟墓了。

男孩子为什么会被"拖延"的恶魔所纠缠，很大的原因在于当认识到目标的艰巨时所采取的一种逃避心理，能以后再面对的就以后再面对，只要今天舒服就行，拖延就这样成了"逃避今天的法宝"。而逃避是弱者最明显的特征。

有些事情尽管男孩子很想做，但却总是在拖延。他不去做现在可以做的事情，却想着将来某个时间去做。这样他就可以避免马上采取行动，同时他安慰自己并没有真正放弃决心。他会跟自己说："我知道我要做这件事，可是我也许会做不好或不愿意现在就做。应该准备好再做，于是，我当然可以心安理得了。"每当他需要完成某项艰苦的事情时，他都可以求助于这种所谓的"拖延法宝"，这个法宝成了他最容易，也是最好的逃避方式。

男孩子拖延自己的时间，往往有三分之一的原因是自我欺骗，另外三分之二是逃避现实。之所以坚持自己这样的拖延行为，还因为他自己从中得到了一些“好处”：通过拖延，他显然可以不去做那些令自己感到头疼的事，有些事情他害怕去做，有些事情他想做又害怕行动。

欺骗自己的各种理由让他心安理得，因为他觉得自己还是个实干家，也许就是慢一点的实干家。

只要能一拖再拖，他就可以永远保持现状，无须力求改进，也不必承担任何随之而来的风险。

他厌倦生活，抱怨说是其他人或一些琐事让他情绪消沉，这样他便轻松摆脱责任，并且推卸给客观环境。他通过拖延时间，让自己在最短的时间内完成工作，如果做得不好，他会说：“我时间不够！”

男孩找借口不做任何没把握的事情，以避免失败，这样他觉得自己还真不是个低能的人。

就这样，拖延成了他用来逃避的通行证，他和社会上千万人一样像草木般活着，遇到任何困难都不当机立断，任其耽误下去。

人的本质都是懦弱的，从这一点上说，拖延和犹豫是人类最合乎人情的弱点，但是正因为它合乎人情，没有明显的危害，所以无形中耽误了许多事情，因此而引起的烦恼，实在比明显的罪恶还要厉害。父母要让孩子懂得：拖得了一时，却拖延不过一世，今天他利用拖延这张证件避免了危险和失败，但这样做又能达到怎样的目的呢？在他避免可能遭到失败的同时，也失去了取得成功的机会。

教育点：克服拖延有法可循

生活中，有很多男孩搁置了很多想法，很多梦想，很多计划，这一切都源于他的决定没有坚决地付诸行动，而他又为自己的拖延找到了很多借口。所以，父母要让男孩知道，要美好地活着，就意味着拒绝拖延，今天的事今天做。

当男孩告诉自己“这件事可以缓一缓”“我今天已经做了很多事，可以奖励自己放松一下了”“明天什么事也没有，不如明天做”“今天天气很好，不能待在屋里”的时候，要注意了，他已经滋生了拖延的习惯。

如果男孩是个办事拖拉的人，他就在浪费大量的宝贵时间。这种人花许多时间思考要做的事，担心这个担心那个，找借口推迟行动，又为没有完成任务而悔恨。在这段时间里，他们本来能完成任务而且早应转入下一个环节了。

所以，一定要找到可以有效对付拖拉作风的方法。

1. 确定一项任务是否非做不可

当他们感觉一项任务不重要，做起来自然会拖拖拉拉，若是这项任务真的不重要，就立刻取消它，而不是既拖延又后悔。有效分配时间的重要一环，是取消可有可无的任务。应该从他的日程表中把乱糟糟的东西清除。

2. 把任务委托给其他人

有时候，任务是能完成的，但是他不喜欢做。他不愿意可能与他的兴趣或专长有关，这时如果他把任务委托给一个比他更适合做、更乐意做的人，那么两人就都成了赢家。

3. 确定好处与优势，立即行动起来

很多男孩往往因为看不到完成一项任务有什么好处而拖拖拉拉。也就是说，他们做这项任务时付出的代价似乎高于做完之后得到的好处。应付这个问题的最佳方法是让他从目标与理想的角度来分析这个任务。如果他有个重大目标，那他就比较容易拿出干劲去完成有助于他达到目标的任务。

下篇
富养出最完美的女孩

富养女孩不是无条件满足女孩的一切需要，不是锦衣玉食的童年，而是帮助女孩更了解自己，激发出女孩天性中美好的一面，让女孩由内到外散发美丽。同时，富养也将提高女孩的抗挫能力，让女孩在离开父母的日子里，也能生活得安全、健康、快乐。

第一章　让女孩从内到外都美丽
——富养女孩并不是“娇养”

“富”的真实内涵——培养女孩灵魂上的富足感

西方有种说法，当人死亡之后，他的体重减轻了 21 克——那是灵魂的重量，他们还说，由于狗死后体重没有变化，因此狗没有灵魂。灵魂，被科学家们在完全密封的环境中称出来的这个数字，用更直观的说明是，不足两袋速溶咖啡的重量，但对人却有着至为重要的作用。

如果一个人活着没有原则，没有信仰，没有追求，我们就说他是没有灵魂的人，是行尸走肉。文学作品中有很多这样的形象，比如华盛顿鄂文的《魔鬼和汤姆沃克》中的汤姆，把灵魂出卖给了魔鬼，魔鬼对他说：“你要勒索债券，取消抵押的赎回权，把商人逼到破产……”汤姆利用魔鬼交给他的方法，变成了一个有钱有势的人。他为了炫耀自己，给自己造了一栋大房子，然而由于他的吝啬，房子的大部分没有盖完，里面也没有家具。他给自己配了马车，但是却把马饿死了；鄂文在文章中这样描绘：“当那些没有上油的车轮在车轴上尖叫悲鸣时，你会觉得你听到了他压榨的那些借债人灵魂的呼喊。”

像汤姆那样为了金钱而出卖灵魂的人，任何国家的历史中都有很多。他们不仅存在于作家笔下，更存在于生活中。一个人一旦没有了灵魂，他们的一生都将和罪恶、耻辱、贪婪相连。

然而，令人感到惊讶的是，往往越是富有的人越容易迷失灵魂。原本在贫穷的生活中能够勤勤恳恳的人，突然暴富之后，往往会丢掉以前吃苦耐劳的习惯，贪婪懒惰到一发不可收拾。有时候，物质就像是灵魂的宿敌。隐居深山清贫度日的人往往志向高洁，身居闹市享尽荣华的人往往流于恶俗。

所以，我们在讲富养女孩的时候，似乎是在宣传一个矛盾的思想：既然要让女孩在物质上得到尽可能好的照顾，那又为何在意灵魂上的富足呢？

因为灵魂的贫富，才是生命的贫富标准。一个富有的人可能是一个精神上的乞丐，一个贫穷的人可以是思想上的富翁。

金钱固然很重要，理财也是人生必需的课程，但拥有金钱最终是为了更好地生活，如果只看重富养的外在形式，而忽略了女孩的精神成长，就像一个人的两条腿一长一短，是不能匀速稳当走路的。越是在强调金钱至上的社会里，父母越是要保护好女孩的心灵，让她在精神上成长得健健康康。

王夫之又叫王船山，是历史上的大学问家。他组织过反清复明的运动，晚年在湖南西部的石船山上写书。他们家世代为官，家境很好，也很有名望。

他嫁女儿的时候，人人都想看一看王家的家底到底怎样，以为他会准备什么稀奇嫁妆。结果，新娘子上轿之前，王夫之拿出一个小箱子，交给女儿说："这是我为你准备了几十年的嫁妆。"媒婆打开一看，里面全是书和纸稿！

见到众人失望和惊愕的表情，王夫之对女儿说，别小看箱子里的东西，那是他一生研究的学问，说的是怎样做一个有骨气、有出息的人的，什么金银财宝也比不上有用的知识。

女儿明白了父亲的用意，顿时觉得非常骄傲，风风光光地上了花轿，开开心心出嫁了。

别人嫁女儿要求风风光光，但是王夫之嫁女儿只送书本。因为他坚信学问对女儿生活的帮助，比任何嫁妆都值钱。一个女孩到了婆家不明事理、不知道孝顺长辈体恤亲友，不能好好地扶持丈夫的事业，不能给孩子们树立正面的生活榜样，不能把做人的道理和读书的方法等等传授给孩子们，这样的女儿嫁出去也难得幸福。

把书籍当成女儿的嫁妆，在历史上并不多见，因为我们往往看重物质在生活中的重要性，而没有看到人的幸福与否更大程度上取决于精神上的满足与否。理性的家长在教育的过程中，更要注重培养女孩在精神上感受到被关爱、被呵护。

教育点：给女孩写一封诚恳的信

很多父母不知道如何表达对女孩的期待，其实，写信就是一种不错的方式。书信是一种非常隐私的行为，但是它也是最能传递感情的一种方式。女孩子天性浪漫，如果她们收到父母的来信，会非常惊喜，也很容易被感动和影响。

这里就有一个做得很好的父亲：

看到女儿整天心神不宁的，敏感的父亲看出来女儿是谈恋爱了。可能她正在暗恋一个人，可能她正在犹豫要不要接受别人的表白，也可能她正在犹豫要不要和家长商量一下。

这时候，父亲决定趁自己要出差的机会，给女儿留一封信在她房间里：

亲爱的女儿，转眼间你已经是一个漂亮的大姑娘了。但爸爸觉得好像昨天还抱着你去儿童公园一样。

在你这个年龄段，肯定会有很多意外的奇遇。比如说遇到了一位让你大开眼界的老师，比如说，有位很优秀的男孩子可能喜欢上了你，或者你会喜欢上特别的人。这都很正常，也很让人烦恼。

如果这些事情真的会让你苦恼，那么希望你能和我或者妈妈分享一下，我们都有过类似的经验，也许能给你一个不错的意见。

写信也好、发信息也好，都是在传递感情，而感情上的丰富和理性，正是人成长的重要标志。一个在小时候得到足够关爱的女孩，她的心灵是健康的、完善的，这样她就有能力去自己经营好人生。一个灵魂上饱满的女孩，就像一个健康的种子，只要你给她阳光雨露，她就能健康地成长起来。

富养，不是为女孩做好一切

让我们先来看看这样一个故事：

张丽（化名）是北京广播学院的一名毕业生，她从播音系毕业后，就找到中央电视台实习，而且希望到这儿工作，可到中央电视台实习的不止她一个人。

北京广播学院到中央电视台20多公里，每天早晨，她五点多起床，六点多第一拨离开学校。在赶着往城里上班的人群中，她是其中一个。顶着星星最晚回去的，也是张丽。

很快，台里便安排张丽播体育新闻了。

那是4月份的一天，风挺大。录了像，晚上6点多就可以走了，回到学院已经晚上八点多了。忽然，张丽想起一个字：镐。那个时候韩国下棋的小伙子李昌镐还不是很有名。“镐”有两个读音，一是“gǎo”，一是“hào”。张丽想，这个字有两个读音，就问老同志，这个字怎么读？老同志很果断地说：“李昌镐（gǎo），李昌镐（gǎo）！”实习生就跟着来吧，张丽就念：“李昌镐（gǎo）……”

回到学院，张丽还在琢磨这事儿。买饭的时候，跟同学磋商，同学说，应该念“hào”！张丽说：“我也觉得应该念‘hào’！”回到宿舍查字典，地名的时候应该念‘hào’，但没有注明人名的时候应该念什么。她还是拿不准，又给一个老师打电话，老师说：“念‘hào’，没错！”

坏了，念“gǎo”了，这怎么办？播音嘛，白字、别字、错字，一定要杜绝！上学的时候，都把一些播音员念白字、错字的经历当笑话讲。张丽想，念错字让人当笑话讲也就罢了，正实习呢，出这么大一个错，这还了得！

她饭也不吃了就往回赶。风呜呜地刮着。赶到电视台，已经是晚上九点五十分了。张丽顾不上休息就来到三楼的播音室，把录像带取出来，找到播音员，把“gǎo”改成了“hào”，还不放心，一直看着播完，才走了。在电梯间，张丽碰到了杨台长。

电梯间里就两个人。张丽知道这是杨台长，就主动打了招呼："杨台长，您好！"

"啊，小姑娘，怎么这么晚才走？"

张丽有点不好意思了，她低声回答："有一个字念错了，我回来改一下。"

杨台长说："你住哪儿啊？"

"住广院。"

"啊，很辛苦啊！"

"没办法，念错了字，就要回来改。"

"好好好，小姑娘工作很认真。"

到了大门口，杨台长上了专车，张丽挤上了公共汽车。

最后，在中央电视台实习的五个学生中，只留下了张丽一个。

改错看起来是很简单的一件小事情，但是这样小的事情，只有很少的人愿意去做。张丽是一个责任心很强的孩子，她身上这种认真负责的态度，没有从小经过严格的教育是难以培养出来的。而这样认真、迅速行动的精神，又为她的人生创造了更多的机会。

很多女孩的父母都会有这样一种观点：的确不应该对儿子进行过度的保护，但女儿娇嫩纤细、弱不禁风，一定要尽全力保护她。

在中国人的传统观念中，女孩向来是处在被保护的位置上的，男孩保护女孩，是那样的天经地义、理所当然。然而，在现在这个浮躁的经济社会，男孩的生存压力越来越大，他们连自己的生活都一塌糊涂，像"白雪公主"一般的天天仰头等着别人呵护照顾，遇到事情，坐在那里无助地痛哭流涕的女孩不再受欢迎。

富养女孩，不是把女孩培养成一个十足的小女人，习惯对外界依赖，对任何人都说“好”，缺乏分析、判断能力。这种教育就等于看低了女孩的创造力和学习能力，也看轻了女孩的生存能力。

教育点：这些事情女孩自己做

对女孩而言，什么事情都帮她做好，不仅不能真正培养出有生存能力的女儿，也不能让父母的爱发挥很好的作用。

那么哪些事情可以让女孩自己来做呢？（这里的女孩年龄在7岁以上）

1. 独立睡觉

很多父母因为疼女儿，一直让女孩和自己一起睡觉，或者在父母的卧室里面给女儿一个小床。或者，当父母中的一方出差的时候，就让女儿过来和自己一起睡觉。其实，当女孩超过6岁以后，不管什么原因，都尽量让她自己睡觉。独立睡觉有利于女孩心灵上的成长，也对女孩情商的提高有很大的帮助。当然，当女孩独立睡觉之后，她的床铺就由她自己来收拾，她房间里面的布局，也由她自己来决定。如果妈妈发现女儿的房间总是很乱，需要和她“约法三章”，说好哪些事情她必须做到，这样她一方面会有纪律感，另一方面也能更好地收拾自己的空间。

2. 买给女孩的读物，也去听听她的意见

现在很多父母喜欢给女孩买书，但是究竟应该买父母觉得对她有帮助的经典诗词呢，还是她喜欢的童话呢？其实，最好在买书的时候带着女儿，让她自己挑一挑。这时候父母不要否定她的想法，说“不可以”“不太好”等等意见，如果你让她决定了，就只等最后买单好了，千万不要一边说着“你决定”又一边说着

“这不行”。

父母也可以给女孩买书，但是最好作为礼物来给女孩。不要让女孩决定“这是爸爸给我的教科书，必须读”这种印象。

买书让女孩自己决定，可以提高她的参与感，读起书来也就更有兴趣了。

女孩也要能吃苦——“不为一颗豌豆失眠”

也许，当你看到这个标题的时候会很好奇，怎么一边说着要给女孩最多的爱，一边又要让女孩吃苦呢？其实，吃苦也是女孩子成为“公主”的一条必经之路。只有一颗经历过苦难的心灵，才能更珍惜幸福的滋味。

街道小护士、自学大专文凭、勤杂工、IBM 华南公司总经理、微软（中国）公司总经理、TCL 集团副总裁、中国企业家优秀代表，很难想象，反差巨大的这些字眼会同时出现在一个人的身上。然而，事实上，这所有的字眼堆砌起来，也只能勾画出这个女人无数特征的一角，在她的身上，我们更多的是看到一个女性顽强不屈的拼搏精神和改变现实的巨大勇气。

这个人，就是被中国经理人尊称为“打工皇后”的吴士宏。

吴士宏进入 IBM 还有一段冒险的经历。当时还是个小护士的吴士宏，抱着半导体收音机学了一年半许国璋英语，就壮起胆子到 IBM 应聘。当她看着长城饭店那扇透明的玻璃门，吴士宏几次产生退回去的念头。后来，好不容易鼓起勇气推开了那扇门，而笔试和口试吴士宏竟然都顺利通过了。

面试进行得也很顺利，就在快要结束的时候，主考官看着吴士宏说：“你会打字吗？”“会！”吴士宏条件反射般地说。

“那么你一分钟能打多少个？”

“您的要求是多少？”

主考官说了一个数字，吴士宏发现现场并没有打字机，于是想都没想就点头了。果然，考官说下次再考打字。

实际上，吴士宏从未摸过打字机。面试结束，她飞也似的跑了回去，找亲朋好友借了170元买了一台打字机，没日没夜地敲打了一个星期，双手疲乏得连吃饭都拿不住筷子了，竟奇迹般地达到了考官说的那个专业水准。但进入公司后，根本没有人考她的打字水平。

吴士宏说在人生的道路上，她最不能控制的事情只有两件，一件是她的出生，另一件是她的一场历时四年的大病。病危报了三次，她的头发也脱光了，就在大家觉得束手无策时，她的病居然奇迹般的好了。

“病中方四载，世上已千年”，当她从医院出来的时候，突然发现世道变了，好像除了她所工作的椿树医院，哪儿都开始要“大专以上文凭”。要想改变生活，拿到文凭是必须做的第一件事。

为了省钱和省时间，她决定自考，于是报了考试科目最少的英语。考试所用的书也都是向亲戚朋友借的，英语的听力和口语就靠听收音机自学。

自学考试一年考两次，3月和9月各考不同的科目，吴士宏为了赶上所有的科目，开始像个吝啬鬼一样，掰分掐秒地算计时间：一天24小时，2小时要花在路上，她住在工人体育馆附近，到南城琉璃厂上班，路上怎么也得花2小时，坐公共汽车也省不了时间，还是骑自行车省点钱；4小时连睡觉吃饭在内的一切生理需要，去厕所时是可以看书的，时间不会“浪费”；8小时工作。这样，一天只剩下10个小时学习，怎么算怎么不够，于是她就设法“偷”时间：尽可能多地换成夜班，病房不大，没有重病人，半夜病人都睡得挺踏实。从凌晨1点左右到5点能“偷”出来4个小时。那时的搏命经历，为她以后十几年外企生涯打下了功底。

“不经一番寒彻骨，哪得梅花扑鼻香”，正是早年的这些磨难和挫折，造就了吴士宏日后领导千军万马的卓越能力。其实，任何一个成功的女性背后，一定有一段不为人知的吃苦的故事。

如果我们养育的女孩都像童话中的豌豆公主那样，因为几十层的毯子下面有一颗豌豆而失眠的话，那么她们将来又怎么能够微笑着面对各种各样的问题呢？

教育点：当女孩在外面受了委屈，千万不要替她抱怨

虽然我们说父母要给女孩一个温暖的成长环境，但这并不表示父母要为女孩扫除一切成长的障碍。有的父母会在孩子受委屈之后一起责怪让她受委屈的人不对，甚至小孩子摔倒了父母还去假装责怪让孩子摔倒的小板凳什么的，这些看起来像是在替女孩出气，其实是在误导女孩。

每个人都应该经受一些挫折，才能成长。女孩在家庭中一直安稳自在，在外面受点委屈才是正常的事情。这就像是植物的光合作用，产生氧气，也要吸收二氧化碳，才能达到平衡的状态。

如果同班同学误解了她，不要替她责怪同学；如果老师错怪了她，不要替她抱怨老师。因为这些行为是在告诉女孩："你不应该受委屈。"而事实上，有人说心胸正是委屈撑大的。

有一个崇尚"富养女孩"的家庭，一直对女儿呵护有加。有一天，爸爸带着女儿去好朋友家做客。好朋友进去给孩子拿水果的时候，一个热水瓶突然倒下了。客厅里就只有女孩和爸爸两个人。

当朋友出来之后，爸爸站起身说："真是抱歉，我刚才不小心将水壶弄翻了。"女儿在旁边很惊讶，但是爸爸用眼神告诉她"什么也不要说"。朋友当然没有责怪爸爸，但这件事情让女儿不得其解。

"爸爸，您不是教我做人要诚实吗？诚实就是做错了就承认，但不是自己做的事情，怎么能够承认呢？"

"有的时候，自己受一点点小委屈，却可以化解别人心中的不愉快。这比坚持是非曲直更有价值。"爸爸接着说，"如果将来有一天，你也遇到这种问题，不要急于替自己解释，最好和我一样'承认错误'。"女孩听了并不明白爸爸的道理。

但是当女儿长大成人之后，她越来越明白爸爸的用心，也从心底佩服爸爸做人的智慧。

其实，给女孩不抱怨的智慧，正是这样的人生智慧啊。

没有气质，学淑女只会更俗气

喜欢刘若英的人，欣赏刘若英的人，都是被"奶茶"内在的丰富滋味所吸引，越品越迷恋这种久远的芬芳。就像杯温暖的奶茶，虽然没有红酒的高贵典雅，没有咖啡的精致摩登，却自有一种温润香浓的芬芳。就好比花中白莲，无牡丹之雍容，无玫瑰之妖娆，但却以淡定超脱的气质取胜，令人留恋。

刘若英的绰号叫“奶茶”。曾有人替她这样诠释这个绰号。

所谓的奶茶味，说白了就是这样的歌曲风格上大同小异，初听是一个味儿，但也许越听越有味儿，在最终被同化的时候，就会越发不能自拔。

就如同莲花的美，初看上去并不给人以惊艳之美，然而它清丽不媚的气韵，不蔓不枝的姿态，超脱自在的淡定却比惊艳更经得住把玩。美貌的容颜和诱人的身材，都容易在岁月中蒙尘，唯有女子的气质，才是一生典雅相随的根本。

戈林斯基说：“缺少优雅的风度，任何精致出众的容貌也都只是一潭死水。”优雅是一种味道，由内而外散发着迷人的芳香。言语中尽是撩人的思绪，举手投足间散发着成熟女人曼妙的气息。优雅不是先天的，它是悬浮于物质表面一种气度的展示。优雅是一种内在气质，优雅是一种风度，也是一个人独特的风格。优雅也许带有遗传基因的因素，更重要的是来自后天的修为，靠阅读和培养，靠不断的领悟和思考，更由生活的态度所决定。优雅是装不出来的，举手投足、微笑也许不会出卖你，但是言谈行为和思想能决定是否被别人认可为优雅一类。

优雅是一种感觉，这感觉更多地来源于丰富的内心、智慧、博爱，还有理性与感性的完美结合。

一个容貌美丽的女人未必优雅，而优雅的女人一定“美丽”，因为她的知识和智慧让你信任，她的细腻与关爱让你依赖。而这智慧、细腻、关爱，你会从她充满迷人女人韵味的举手投足、一颦一笑间体味。

优雅，仿佛是盛开在女人身上的花朵，芳香四溢；优雅，更像雕塑家手中的刻刀，从内心到外表雕琢着女人；优雅是一种恒久的时尚，它不因岁月的流逝而消失，也不因时空的转变而淡漠。

优雅的女人像一杯茶，品尝过后，令人回味无穷；优雅的女人像一口井，魅力总藏在最深处，给世人留下无穷的想象空间；优雅的女人是一幅画，让人欣赏，并为之流连忘返；优雅的女人是一本书，令人百读不厌，难以释卷。

优雅，是女孩最好的一种气质，也是最难学来的气质。

提到气质，我们也试着给它下一个定义：气质是指人相对稳定的个性特征、风格以及气度。性格开朗、潇洒大方的人，往往表现出一种聪慧的气质；性格内向、温文尔雅，多显露出高洁的气质；性格爽直、风格豪放的人，气质多表现为粗犷；性格温和、秀丽端庄，气质则表现为恬静。无论聪慧、高洁，还是粗犷、恬静，都是一种气质美。

气质美看似无形，实则有形。它是通过一个人对待生活的态度、个性特征、言谈举止等表现出来的。走路的步态，待人接物的风度，皆属气质。

气质是女性征服世界的利器，就如同一座山上有了水就立刻显现出灵气一样。一个女性只要插上了气质的翅膀，就会立刻神采飞扬、明眸顾盼、楚楚动人起来。

但是，为了追求优雅而一味地盲目模仿，让女孩在保养、装扮、训练方面格外在意，而忽略了本身内在的气质，就会产生东施效颦的效果。因为，优雅的女孩一定是内秀的。

内秀的女孩心地纯净，乐观向上；崇尚知识，追求文明；热爱自然，热爱艺术；恪守规范，摒弃庸俗。就像女孩美丽的容貌、美丽的头发、美好的身段要靠内养一样，女孩的内秀更需要天长日久的刻意培养。

如果不想把你的女孩培养成不能开口说话的“花瓶”，想让她从容优雅的谈吐让听众为之赞叹，那就要重点打造她的内在气质。

教育点：塑造女孩内在的气质

1. 教孩子做一些安静的事情

随着女孩年龄的增大，父母可以逐步引导孩子做一些安静的事情，例如折纸、下棋、画画、钓鱼、照相、集邮等，这些活动有利于培养女孩安静专注的性格。

2. 妈妈要做好女儿的榜样

妈妈是女儿的镜子，要培养女孩的优雅气质，妈妈首先要做一个优雅的女人。如果妈妈说话的声音很大，又怎能对女儿说“小姑娘不可以这么大声说话”呢？

3. 让孩子知道怎样才叫优雅

要培养女孩的优雅，就要让她知道优雅的好处以及优雅的标准。

那么，怎样才能称得上优雅呢？

（1）仪容仪表

仪容仪表的整洁对女孩子来说非常重要，父母应对女儿做出如下几点要求：要把脸、脖子、手都洗得干干净净；勤剪指甲勤洗头；早晚刷牙，饭后漱口，注意口腔卫生；经常洗澡，保证身体没有异味；衣着要干净、整洁、合体。

（2）行为举止

父母应对女孩子的站、坐、行以及神态、动作等方面提出一些明确的要求。例如，优美的站立姿势要求身体直立、挺胸收腹、脚尖稍向外呈 V 字形；要避免无精打采、耸肩、塌腰，千万不能半躺半坐；走路要昂首挺胸，肩膀自然摆动，步速适中等。

（3）表情神态

父母要教育女儿，与人交往要表现出对他人的尊重、理解和善意，要面带自然微笑，千万不要出现随便剔牙、掏耳、挖鼻、搔痒、抠脚等不良习惯动作。

（4）言谈措辞

父母要让女儿养成使用文明礼貌用语的好习惯，如经常说“您好、谢谢、请、对不起、没关系”等。父母还应告诉女儿，沉默寡言、啰唆重复，都是不正确的语言表达方式。

需要注意的是，父母向孩子讲解优雅举止的标准时，不要用教训、命令的口吻，而是要循循善诱、谆谆教导。让优雅举止成为孩子一种不自觉的习惯，孩子卓尔不凡的气质也就形成了。

4. 父母要多提示和表扬女孩

当女孩做出一些优雅的事情的时候，做父母的不应吝啬自己的表扬，女孩会在你的表扬中受到鼓励。

第二章　爱是女孩最需要的养料
——为女孩付出足够的爱心

母亲是女儿最亲近的朋友

在家庭关系中，母女是最特别的一对。有人说女儿是父亲前世的情人，那么女儿就是母亲前世的情敌。今生做母女，既有妈妈与女儿之间的血脉之情，也有抢夺关爱和家庭地位的“斗争”。这样奇怪而有趣的关系，也只能母女之间才有。

现在独生子女居多，妈妈不像过去那样需要对好几个孩子负责，如果家里只有一个女孩的话，很容易产生问题。因为妈妈的注意力都集中在女儿身上了，她可能有时候达不到妈妈的标准，就会被责骂。很多妈妈极力想建设好自己和女儿的关系，但到头来都是徒劳——因为妈妈没有把握好和女儿的距离，其实，你们只要做最好的朋友就好。

朋友就是相互理解，支持，尊重，并且能够始终保持一定的距离。

对于每一个人来说，当自己产生喜怒哀乐的情绪时，总想和人一起分享。我们成年人，有和人分享的心理需要，同样，女孩也需要人与她分享生活中的喜怒哀乐。倾听并分享女孩的喜怒哀乐，有利于协调父母与女孩之间的关系，让女孩感到父母在关心、爱护她，从而取得女孩的信任。

在家庭教育中，妈妈和孩子相处的时间明显多于爸爸，这时候女儿对爱的需求主要从妈妈身上得到满足。妈妈需要认识到女孩的心理特点。

1. 女孩希望有人耐心地倾听她们的告白

女孩在找父母聊天时，和男孩希望得到建议和帮助不同，她更希望父母能专注与感兴趣地倾听，分享她沮丧的感觉或宣泄她遇到的问题或者她的开心喜悦。

沟通对她们来说很重要，她需要的是支持而不是解决问题的途径，因为在女孩的思维里，发泄完了，问题就解决了，情绪也就随之好起来了。

如果女孩在和你讨论问题的时候你不能了解她的感受，反而自以为是地提供一连串解决问题的答案或者敷衍应付，女孩会变得不愿意继续交谈。

瑶瑶放学回到家后，她迫不及待地和妈妈分享这天的感受。

瑶瑶："当班长太累了，又要自己学习，还要维持纪律。"

妈妈："既然不喜欢，就和老师说说不做了。"

瑶瑶："可是我也很喜欢做班长，它让我觉得很光荣。"

妈妈："既然你喜欢，那就不要再嚷嚷着说累了。"

瑶瑶沮丧："可是喜欢不代表不累啊！"

妈妈无奈："真不知道你到底要说什么。"

……

谈过话后，瑶瑶只觉得情绪无处发泄，她不愿意继续交谈，因为她觉得无趣极了。

如果妈妈换一种谈话方式，更注意倾听，谈话的效果就会有明显的不同。

瑶瑶:“当班长太累了，又要自己学习，还要维持纪律。”

妈妈:“你今天好像很累。”

瑶瑶:“是啊，当班长让我觉得很光荣，可却也让我总觉得有压力。”

妈妈:“嗯，我明白你的感受，我也有过这样的情况。”

瑶瑶:“我该怎么做才好呢，真头疼。”

妈妈:“妈妈相信你一定能处理好的，来，让妈妈抱抱你。”

瑶瑶:“谢谢你，妈妈，我觉得舒服多了。”

瑶瑶继续这样不停地讲着，她很兴奋，喜欢和妈妈说话，因为妈妈愿意当她的听众。

从上面的例子我们可以看出，女孩更需要的是倾听。

2. 大胆地帮助女孩，她会觉得更受珍视

如果男孩不找你，你千万不要主动帮助他，因为他会受到伤害。这个警告并不适用于女孩。女孩通常认为若有人肯帮助她，那是在她的帽子上添饰羽毛，让她觉得自己可爱又受珍视。

3. 女孩喜欢被人珍视的感觉，因此，请尽量表现你对她的爱

相比男孩喜欢被需要的感觉，女孩更希望自己被珍视。如果女孩发现自己被人珍视和喜爱，就会让她有一种莫名的满足感。

如果女孩在爸爸妈妈那里得到更多的亲切、爱心和体贴，那么女孩会更有安全感。和家人或者朋友畅所欲言，是培养双方关系的大好机会。父母们应该给女孩更多的爱，但必须有一个前提：在不把女孩看成“弱者”的基础上。只有在父母理性的爱的呵护下，女孩才能独立，才能更快成长。如果父母对女孩的感觉表示兴趣、关心她关心的问题时，女孩就会觉得被爱。

要让女孩有这种体验，我们应该注意以下两个方面。

当女儿请求你为她做些事情时，与其说“没问题”不如说“我很乐意去做”。

经常送一些小礼物给女儿，在女儿眼里，她看到的不是礼物，而是礼物装载的满满的珍爱。

4. 分享女孩的沮丧与无助

女孩面对压力时，会越来越不知所措和变得情绪化。她们希望有人在这个时候了解并且帮助她。而父母这时候最应该做的就是和她一起谈论问题的细节，然后分享她的沮丧、迷惑、无助的感觉，这样女孩就会不再孤单，而是感到舒服和快乐。

譬如女孩受压力时，会抱怨：

我学习成绩总是上不去；

为什么我长得这么普通，而我特别讨厌的那个女孩却那么漂亮；

为什么我总是这么倒霉？

该死的考试，什么时候才能结束？

女孩通过类似的话来表达她的烦恼、失望和挫折。如果倾听者关心她的挫折与失望，她会感到受支持，当然，她并不需要你的解决方案，她需要的只是发泄，如果有人听她抱怨，不用太长时间，她自己的情绪就会慢慢好转，不再觉得这些是压力。

5. 女孩更关注自己的人际关系

相对于男孩而言，女孩更关注自己的人际关系，女孩们喜欢根据各自个性上的差异，组成一个个趣味相投的小团体，如果女孩不能被团体接受，她会觉得被孤立了，从而产生自卑、怯懦等不良情绪。因此，我们应该鼓励女孩结交朋友，并对其加以适当的引导。

女孩如果自己的人际关系出现问题，如和好朋友吵架、父母对她提出批评等，都会直接伤害到女孩的心灵，她们会觉得自己的付出没有得到相应的回报或者父母不再爱她等心理不良情绪。

另外，与同龄女孩的交往。她们会两两组成“最好的朋友”，而且会时不时地闹闹小矛盾，这时候妈妈千万不要给女孩讲一些“珍惜友谊”之类的大道理，最好的办法就是听女孩倾诉，然后让她自己解决问题。

妈妈要多给女儿关心和尊重

母女关系一直是家庭中很奇怪的一对关系，在女孩很小的时候，妈妈是女儿的主心骨，女儿什么事情都要妈妈关心和帮助；但等到女孩 10 多岁之后，渐渐就不喜欢妈妈管这管那，有时候还会对妈妈发脾气；到了女孩当了妈妈，两人的关系又会再度好起来，这时候是两个母亲之间的“惺惺相惜”。其实，在女孩的一生中，最亲密无间的朋友，最值得信任的人就是妈妈。一个家庭里没有了爸爸会少一份安全感，没有了妈妈则会少一种家的味道。在富养女孩中，妈妈起着极为重要的作用。

很多初为人母的人都会很好奇：“女儿，妈妈该怎样爱你？”

这个问题提得很好，说明妈妈们开始意识到爱不仅是数量上的，更是质量上的。在女孩10岁以前，妈妈的爱主要体现在生活方方面面的照顾上；而当女孩10岁以后，就体现在对女孩的信任和放手上。简单地说，女孩10岁以前，妈妈主要是关心她；10岁以后，妈妈主要是尊重她。

工作太忙而忽略了孩子的妈妈，需要看看一些成功的女性是怎样看待这件事情的。比如说安利（中国）日用品有限公司董事长郑李锦芬女士：

“我觉得两者必须要做好，我希望两者都可以兼顾。事业的成功可以为我们带来成功的喜悦与满足感，但是家庭的美满、和谐是我一辈子的事情。我是一个‘贪心’的女人，我希望两者都可以兼得。”“2007中国最佳商业领袖奖”颁奖礼上，当主持人问郑李锦芬“家庭和事业如何兼顾”时，温文尔雅的郑李锦芬毫不讳言自己的“贪心”，坦言事业和家庭对她来说同等重要。

作为安利亚太区执行副总裁和安利大中华区行政总裁，郑李锦芬的生活是和“常年奔波”这四个字联系在一起的，一天只睡五六个小时是常有的事。然而，郑李锦芬不仅事业有成，而且拥有了一个幸福的家庭。她承认自己是百分之百的女性，谈起自己的丈夫和三个儿子，郑李锦芬充满幸福。她知道如何平衡家庭和工作的关系，她也深知营造一个快乐家庭的重要性。

只要没有非参加不可的应酬，一定要回家陪伴丈夫和三个儿子——这是郑李锦芬一个雷打不动的原则。在她看来，一个成功女性应该同时拥有成功的事业、家庭与自我。郑李锦芬非常关心自己的三个儿子。“只要一个电话，我会立刻把他们的问题当作首要问题。我们也有很多交流，每一两个月，我会单独跟我的一个儿子共进一次午餐，就只有我们两个谈谈心。”说到这些，郑李锦芬幸福地笑了。而且，为了颐养性情，在工作之余郑李锦芬还学起了粤剧。除了成功的事业，生活的美好点滴，“贪心”的郑李锦芳一样也不放弃。

更为重要的是，这并没有影响上司对她业务能力上的评价，安利全球总裁德·狄维士说：“在我眼里，她就是最好的。”

同样是事业型女性的雅芳总裁钟彬娴，也曾经拒绝白宫的邀请，只为参加女儿的学校活动；杨澜曾经为了带孩子专门休息了一整年的时间，此类的人物数不胜数。

现在的生活压力很大，妈妈的工作确实能补贴家用。但工作并不意味着将母亲的责任也推掉，有很多人都能在工作和家庭之间找到平衡点，不过需要比别人付出更多。刚做母亲的年轻妈妈们，可不要抱着侥幸心理来对待女孩的成长。女孩在幼儿阶段，需要妈妈的关心，越多越好。

而当女孩渐渐长大成人之后，就要妈妈“懂得放下”，放下以往万事关心的习惯，让女儿有自己的生活空间。这也可以给妈妈们留出空间来自己成长。

有一位女作家的女儿正值青春期，不知怎么爱上了重金属的音乐，每天都开很大的声音来听那些震撼性的音乐。有一天，妈妈请求女儿：“把声音关小一些吧。”

“这是我的愤怒，只有放大点才有感觉！”妈妈很无语，她不知道女孩才 10 多岁，有什么可愤怒的，但是身为作家的她还是尊重了女儿的情感，她默默回到自己的房间。

这样持续了一两个月，妈妈渐渐也爱上了重金属的音乐，并且和女儿一起听各种各样的CD，女儿和她的关系渐渐好了起来。

当然，对女孩的教育不是以10岁为一个临界点，然后过了10岁生日那天就要变成两种截然不同的教育。关心和尊重当然一直都要有，不过一段时间侧重前面，一段时间侧重后面而已。

教育点：感受和女儿一起成长的感觉

妈妈们在少女时代，肯定有过写日记的习惯。但是随着年龄的增加，要做的事情越来越多了，就越来越没有精力去记录自己的心路历程了。

其实，做妈妈就是一个很好的重新开始的机会。不仅分娩的痛苦不亚于一次重生，教育女儿的过程也是一个自我成长的过程。妈妈不妨捡起手中的笔，或者开通一个博客，记录自己和女儿之间的点点滴滴。

有一个妈妈在自己的博客中写道：

“每天都带着期望的好心情去接女儿回家，路上会跟女儿聊今天在学校的事情。一直都以鼓励的形式来对待女儿在校的点点滴滴。也许是作为母亲的心太过于‘望女成凤’了。一直以来对她做任何事情的要求都是让她以姐姐的姿态去面对每一件事情。女儿是得到了不少的进步，同时也助长了许多不好的习惯。如：对人有一种高高在上的感觉；对我和她爸爸也没有礼貌，特别是她爸爸，总感觉他俩的身份给调了位。

“再则是女儿学习二胡让我和她爸爸头痛的无法形容，现在我的心里也在打退堂鼓。是给她学还是不给她学，想想学习了一年多了，就这么放弃了觉得很是可惜。唉！有时我也觉得学习二胡把女儿很多的坏习惯也学习起来了。如：磨蹭。

“真的不知道怎样爱你？会让你不受伤，让你能成长的快乐！又让爸爸和妈妈过得比别人好——你的优秀是我们的骄傲。”

文章没有写完就收笔了，可能是孩子已经要回家了吧。虽然，从这样的日记中看不到什么具体的进步，但是妈妈带着这样的思考去教育孩子，肯定会有所改进。当她拿到一本教子书的时候，她的收获也比一般的家长要大。因为她之前做了功课，有了思考。

写养育笔记的另外一个好处，就是帮助妈妈舒缓一下情绪。养育女儿是一个漫长的过程，妈妈肯定也会有很多的情绪需要调整，很多委屈需要倾诉，写日记就是很好的渠道。而且，妈妈写过之后再回来看看自己当时的心情，不仅会发现女儿在成长，妈妈也在成长。

我们常说换位思考，其实真正能做到换位思考是很难的。人最困难的就是驾驭自己的感情，因为冲动的时候容易失去辨别力。妈妈有时候会对女儿说一些严重的话，或者做有点过分的事情，这些事情过去之后，妈妈是可以看出来自己的问题的。

所以，假如你想要给女儿一份贴心的爱，就拿起笔开始记录你们共同的成长吧。

父亲是女儿生命中的“高山”

母亲对女儿的照顾往往是从生活中的琐事体现出来的，而父亲对女儿的照顾则集中体现在了精神引导上，很多杰出的女性都是在父亲的影响下改变自己的。比如我们都熟悉的撒切尔夫人。

撒切尔夫人的父亲罗伯茨是英国某小城的一家杂货店店主，他称女儿“玛格丽特”。在玛格丽特5岁生日那天，父亲把她叫到跟前，语重心长地说：“孩子，你要记住：凡事要有自己的主见，用自己的大脑来判断事物的是非，千万不要人云亦云。”从此，父亲着意把女儿培养成一个坚强独立的孩子。当她7岁时，父亲带她到图书馆去，鼓励她看三类书：人物传记、历史和政治书籍。

罗伯茨刻意为女儿创造一种节俭朴素、拼搏向上的家庭氛围，因而玛格丽特早年的生活清淡艰苦。罗伯茨与女儿就各种问题进行辩论，以训练她机智沉着、语言犀利、充满感染力和穿透力的雄辩才能。11岁时，玛格丽特进入凯斯蒂女子学校。在辩论俱乐部的辩论会上，她的辩论思维敏捷、观点独到、讲话准确、气势磅礴。

入学后，玛格丽特看见了同龄人的生活远比自己轻松。她回家鼓起勇气跟威严的父亲说：“爸爸，我也想去玩。”罗伯茨平静地说：“你必须有自己的主见！不能因为你的朋友在做某件事情，你也跟着去。你要自己决定你该怎么办，不要随波逐流。”见她仍有怨气，罗伯茨继续说：“爸爸并不限制你的自由。而是你应该要有自己的判断力，有自己的思想。现在是你学习知识的大好时光，如果你想和其他人一样，沉迷于玩乐，那样肯定会一事无成。我相信你有自己的判断力，你自己决定吧。”听了父亲的话，小玛格丽特不说话了。

“孩子，永远都要坐在前排。”这是父亲经常对她说的话。从小，父亲对她的教育就非常严格，而她自己也一直争取成为最好的。在学校里，她永远都是学生中的佼佼者，她以出类拔萃的成绩顺利升入最好的文法中学。

17岁的时候，她开始明确了自己的人生目标——从政。然而，那个时候，进入英国政坛要有一定的党派背景。她出生于保守党派氛围的家庭，想要从政，还必须要有正式的保守党关系，而当时的牛津大学就是保守党员最大俱乐部的所在地。经过一番思考，一天，她终于敲响了校长吉利斯小姐办公室的门。

“校长，我想现在就去考牛津大学的萨默维尔学院。”当她说出这句话之后，就意识到将会遭到拒绝。因为她还有一年才毕业，而且完全不会拉丁文。校长果然拒绝了她，并且劝她打消这种想法。

倔强的她并没有沮丧，她相信自己可以做到，于是在得到了父亲的支持后，她开始了艰苦复习、学习备考。之后，她提前几个月收到了高年级学校的合格证书，然后又参加了大学考试，最终如愿以偿地收到了牛津大学萨默维尔学院的入学通知书。她离开家乡走进了牛津大学。

进入大学只是第一步，学校要求学五年的拉丁文课程，她仅仅用一年的时间就全部学完了，而且成绩非常优异。另外，她不光在学业上出类拔萃，在体育、音乐、演讲及学校活动方面也很突出。她的出众赢得了校长的高度评价：“她无疑是我们学校建校以来最优秀的学生，她总是雄心勃勃，每件事情都做得很出色。”

没有显赫的门第庇荫，没有夫贵妻荣的依傍，靠的只是自己的不断努力和顽强奋斗，终于在英国这个重门第、讲传统的国度里，一步一步地沿着成功的阶梯攀登，到达权力之巅。撒切尔夫人是英国保守党这块“男人的天地”里的第一位女领袖，英国历史上第一位女首相，而且是创造了蝉联3届、任期长达11年之久的女首相。是父亲的教诲，改变了女儿的人生轨迹。

同样，我们熟悉的主持人王小丫也很感谢自己的父亲。王小丫的父亲是当地的宣传部长，女儿的名字就是他给取的。小时候，经常有男同学追着王小丫喊：“你是一个树丫丫，你是一个脚丫丫。”多次被弄哭后，她强烈要求改名字，父亲没有答应，只是说：“你长大后会明白的。”

> 教育孩子方面，王小丫的父亲非常注重言传身教，很少呵斥，而是用实际行动来影响、感染她。上小学三年级时，小丫发现父亲每天晚上都坐在书房里看书写字，有时家人都睡了，可父亲书房的灯还亮着，王小丫很不解，身为部长的父亲，为什么还这么爱学习？父亲在灯下伏案忙碌的身影深深刻在她心里，潜移默化中，王小丫晚上也开始自觉地看书学习，有时甚至暗暗与父亲较劲，看谁学习时间更长。勤奋的父亲是王小丫的榜样，她的学习成绩一天比一天好起来。懂事后，王小丫明白了父亲的良苦用心。
>
> 上初中后，父亲成为当地报社的总编辑。受父亲的影响，王小丫立志要做一名新闻工作者，高中毕业时，报考了北京某著名高校的中文系，但因几分之差与其失之交臂，最终被四川大学经济系录取。王小丫想复读一年再考。父亲认真开导她：“孩子，学经济一样可以当记者，将来做个财经记者也不错。”

父亲对她的影响不仅仅局限在简单的亲情之中，精神层面的影响更多。当别的父亲在关心孩子的吃穿时，父亲早已走进她的心灵，因此她也获得比别人更多的东西和感悟。她机智、圆润的主持风格中或许就浸透着父爱的影响。

教育点：父亲和女儿保持的距离

很多人都听说过“恋父情结”这个词，父亲对女儿来说有着重要的影响，但是也不能因为父亲特别疼爱女孩，就忘记保持异性之间的距离。是的，就算她是你的女儿，她也是一个小姑娘，父亲和女孩相处不可太随便。

首先，父亲在女孩面前最好能整洁大方，不要夏天就赤膊打扮。

另外，父亲进女孩的房间一定要敲门示意，这是一种社交的礼节，也是尊重女孩隐私的行为，可以让女儿觉得爸爸很尊重我。

当然，父亲最不能做的事情就是离间母女的感情。女儿和妈妈闹别扭的时候，不管谁对谁错，都不要全部怪罪在一个人身上，爸爸最好做“和事佬”的角色。如果在女儿面前说妈妈的坏话，即使赢得了女儿的共鸣，安抚了她的情绪，到后来对女儿的成长也是不利的。

爸爸要多给女儿欣赏和信任

父亲是女孩生命中的第一位异性。如果父亲希望自己的女儿将来能充满自信地和异性相处，首先就要要求自己在和女儿相处的时候做到欣赏她、信任她。

从最简单的外貌上来说，大部分的女孩长得比较普通，但是后来我们会发现有的女孩越来越美丽，有的女孩却越长越没有气质了。这其中父亲的影响很重要。

有一个女孩喜欢颜色很艳丽的衣服，每次妈妈给她买衣服都会引起女儿的不满。“你选的衣服已经过时了，穿着像个老太太。”女儿的态度也让妈妈很生气。这时候爸爸出现了，他该怎样解决这个矛盾呢？

“我看看，哦，这件衣服的颜色可能对婷婷来说有点重，她皮肤很白，可以穿一些浅颜色的衣服嘛。不过深色的也有一个好处，不容易弄脏，在学校穿也挺好的。”

“婷婷，我觉得你上回穿的那件浅绿色的衣服很好看。”

“哦，其实还好，我最喜欢的还是那条吉卜赛风格的裙子，但没有什么机会穿。”女儿开始和老爸聊起来。

“是吗？但我还是觉得你穿浅色的衣服更有神采。不过我代表的仅仅是男性的审美眼光。”

听了爸爸的话，婷婷渐渐喜欢穿浅颜色的衣服了，她那条吉卜赛裙子，终于收到箱子底下去了。

其实，很多问题都可以这样解决，当女儿坚持自己的意见的时候，爸爸代表男性来肯定女孩的观点，然后又说明自己认为更好的一面，女孩们大多都会乐于接受。

当然，父亲对女儿的影响力绝对不仅仅限于穿什么衣服的问题，如果父亲们希望女儿能够选择最适合自己的人生道路，并能够坚持下去，那么最好一直不停地给女儿鼓励和信任。有的父亲喜欢对女儿采取高压的政策，以为这样就能防止女儿走上人生歧路，其实这样做只会影响父女之间的关系。

美国现任的国务卿、前总统夫人希拉里出生在一个男权家庭里，父亲的脑海中，总是充斥着男性中心化思想，他在家中如君主一般高高在上。而希拉里的母亲多萝西是一个苦命的女人，从小就被父母抛弃，好不容易组建了自己的家庭，所以总是忍气吞声，希望让自己的家庭看起来和谐幸福，她在丈夫面前犹如一个侍女。

希拉里出生后，父亲对女性的看法也没有变得温柔。他对女儿只有不断地要求，希拉里为了成为全校第一拼命学习，明明没有运动细胞，却硬要使自己成为女垒运动员，所有这些都是为了博得父亲的欢心。看到女儿和自己年轻时一样潜心学习、热衷运动，父亲会欣喜若狂，但是发现女儿稍有松懈，就毫不掩饰地流露出失望之情，并立刻收回父爱和信任作为对她的惩罚。

父亲的高压让希拉里感到很疲倦，尽管她事事尽心尽力，却常常不能得到同学的认可，她没有得到大部分学生的支持成为干部，这让她很失落。“为什么他们不喜欢我？”当思考这个问题的时候，她想到父亲严厉的面孔和暴跳如雷时的可怕声音，她似乎找到了答案，并且想采取行动。

1965年，希拉里和1000多名同学高中毕业，大多数同学选择了离家较近的大学，只有希拉里一个人选择了1600千米以外，位于美国东部的卫尔斯利女子大学。希拉里告诉同学们她之所以要走这么远，就是“为了摆脱父亲独裁者般的统治”。

而我们的宋庆龄女士，从小受到的则是另外一种教育。1893年1月27日，宋庆龄出生在上海一个牧师兼实业家的家庭。父亲作为孙中山的朋友和同志，是她的第一个启蒙老师，母亲也是一位大家闺秀，对她和她的姐妹兄弟都有着很大的影响。

宋庆龄生性腼腆，和姐妹兄弟们在一起时，她总是最文静的一个。不过父亲为她营造的生活环境和气氛，使小庆龄于天性之外受到裨益。假期里，三姐妹和兄弟们在院子里玩耍，爬过院墙到别人的田地里嬉戏。他们到田野里奔跑，采集花草，捕捉虫鸟，无拘无束地尽情欢笑。

有一次，姐妹兄弟玩“拉黄包车”的游戏，宋霭龄装作黄包车夫，宋庆龄扮成乘客，小妹小弟跟在身后又蹦又跳。正玩得开心时，不料“车夫”拉车用力过猛，双手失去控制，一下把“乘客”抛了出去。“车夫”愣在那里傻了眼，知道自己闯了祸;“乘客”又疼痛又委屈，满脸不高兴。

这件事被父亲知道后，亲切地对宋霭龄说:“做游戏也要有分寸，‘黄包车夫’可不光是使力气呀！伤了乘客还怎么拉生意呢？”小霭龄很不好意思。父亲又笑着对宋庆龄说:“我们的‘乘客’这样宽宏大量，这样勇敢坚强，真是了不起！”

其实，很小的事情上就能看出父亲在教育上的水准，就像孩子们玩游戏出了小问题时，有水平的父亲会安抚孩子的情绪，让孩子们继续玩耍但是不再犯同样的错误，而冲动的父亲就会充当裁判员的角色，行使自己的“家长特权”去审判孩子，影响孩子的心情和改正的自觉性。

如果站在欣赏和信任的角度去看待你的女孩，你会发现她身上有很多可取之处；如果你能及时让她知道这些是她的优势，她就能朝着这个优势一直发展下去。其实成年人之间也是需要不断的鼓励和信任的，父女之间，就更是如此了。

教育点：爸爸要多在女儿面前说妈妈的好话

爸爸千万不要在女儿面前说妈妈的话坏，不仅不利于母女关系，而且影响自己在女儿心目中的形象——试问有哪个好男儿会计较小事情，还在别人背后说坏话呢？这里有一对父母就做得特别好。

在莎莎上幼儿园的时候，有一天她的母亲和父亲整整坐了一夜，也说了一夜的话，也许是一些对她并不重要的话，或是因为莎莎太小没有记住。但有一句父亲说的话她记住了："你走吧，由我来向莎莎解释。"这意味着母亲要走了。

莎莎的母亲走了好几天了，莎莎每天都在等着爸爸所谓的解释。也许他把他说的话忘了，仍跟以前一样接送莎莎上学，给莎莎在学前班的家长手册上认真填写她又学会了的新字，又听到的新的故事，以及纠正莎莎左手写字画画的进展情况。这些在莎莎的其他同学家里都是由母亲来做的事情，在她家里却一直都是由父亲来做的。每当莎莎的奶奶看到这些，就叹气说莎莎的母亲"心早就不在啦"，莎莎的父亲就会用眼神制止奶奶，好像在隐瞒什么。但莎莎并不追问，莎莎相信总有一天父亲会向她解释的。

莎莎母亲走了快一星期后，又是一个晚上，莎莎父亲合起给莎莎读的故事书，又压了压莎莎本来已经压得很好的被角，像又要给莎莎讲故事一样地说："你一定听过很多天使的故事。"

莎莎的父亲停了停又继续说："每一个天使飞到一个地方，发现那里有人冷了，有人饿了，有人在受苦，有人需要她的帮助了，她就会留下来当差，做他们的父母兄弟。如果一切都很好的话，不当差的天使就会放心地飞走，继续去找需要她帮助的人。如果世界上的爸爸妈妈就是天使，是专门飞来照顾孩子，陪孩子一同好好长大的话，那咱们家里，有爸爸一个人就能照顾好莎莎。所以，妈妈才放心地把莎莎留给爸爸，妈妈去了一个叫澳大利亚的很远的地方，就像不当差的天使一样……"

莎莎当时很小，但她听明白了这是怎么一回事，那就是妈妈离开了。

这也是莎莎在以后的生活中，听到过的父母在孩子面前对"离婚"做出的最美、最好、最阳光灿烂的解释。

母亲是女儿的榜样，那么父亲就要保护好女儿的榜样。像莎莎的爸爸那样做，保护女儿的童心，保持母亲的形象，也就是在培养自己和女儿的感情。

第三章　弱者是帮出来的
——让“女孩”有主见

强化女孩的自我价值感

女孩们天生就是感性的动物，她们的情绪和行为总是极易受到外界环境的影响，前一分钟还因为某一个人的褒奖兴高采烈，后一分钟可能就会因为另一个人不经意的一句嘲讽而丧失信心妄自菲薄。作为女孩的父母，一定要时刻注意，引导孩子正确认识自我，强化孩子的自我价值。

有一个年轻人，他历尽艰险在非洲热带雨林中找到了一种高十多米的树木。

这可不是一般的树木，整个非洲也就只有一两棵。如果砍下这种树，一年后让外皮朽烂，留下的部分，就会有一种浓郁无比的香气散发开来；如果放在水中，它不会像别的木头那样浮起来，反而会沉入水底。

这种树被称作“沉香”，是世界上最珍贵的树木。

年轻人将沉香运到市场上去卖。由于很贵重，很少有人敢来买，也很少有人买得起，因此，他的生意非常冷清，经常是很多天连一个来问价的都没有。但他旁边一个卖木炭的，生意却非常好，每天都有进账。

年轻人终于沉不住气了，他把沉香运回家，烧成木炭后再运到市场上，以普通木炭的价格出售。这一回，他的生意好极了，几天时间就卖光了。

年轻人认为自己颇有创意，顺应了市场需求，于是，他很自豪地把这件事告诉了他的父亲。

他父亲是一位白手起家的商人。当听完儿子的讲述后，父亲禁不住泪流满面，因为儿子做了一件大蠢事。沉香非常有价值，只要切下一小块磨成粉末出售，其收入相当于卖一年木炭，而将沉香烧成木炭，就和普通木炭一样不值钱了。

有些人都过分关心外界的环境因素，处处表现得小心翼翼，以至于轻易地否定了自己。试想，如果一个人连自己都不认可自己，又如何让别人认同你的价值呢？

一位哲人曾经说过："每个人都有自己独一无二的价值。我们的价值不是取决于别人对我们的态度，也不会因为我们遭受挫败而贬值，无论别人怎么侮辱你，诋毁你，践踏你，你的价值依然存在。"

在一次演讲会上，一位著名的演说家手里高举着一张10美元的钞票，讲了一句开场白。面对大厅内的听众，他问："谁要这10美元？"

一只只手举了起来。

"我打算把这10美元送给你们中的一位，但在这之前，请准许我做一件事。"他说着将钞票揉成一团，然后问："谁还要？"

仍有人举起手来。

"那么，假如我这样做又会怎么样呢？"他接着把钞票扔到地上，又踏上一只脚，并且用脚碾它。当钞票已变得又脏又皱的时候，他才捡起来。

"现在谁还要？"

还是有人举起手来。

"朋友们，你们已经上了一堂很有意义的课。无论我如何对待那张钞票，你们还是想要它，它并没贬值，它依旧值10美元。在人生路上，我们会无数次被自己的决定或碰到的逆境击倒、欺凌甚至被碾得粉身碎骨。我们会觉得自己似乎一文不值。但无论发生什么，或将要发生什么，一定要相信，我们是永远不会丧失价值的。无论肮脏或洁净，衣着齐整或不齐整，每一个人依然是无价之宝。"

家长们要让自己的孩子学会正视自己的价值，不要因为别人对自己的评价和态度而改变对自己的看法。告诉孩子，无论别人怎么说，你的价值都不会因之而改变，只要能够将个人价值与社会价值统一起来，做一些对他人有用的事，就能充分施展自己的才华，实现自己的价值。

《世界上最伟大的推销员》一书的作者奥格·曼狄诺认为，在这个世界上，每个人都有自己独一无二的价值，每个人的出生都是一个伟大的奇迹，他的这种观点对我们在内心建立自尊自信很有帮助。他在书中这样写道：

我是自然界最伟大的奇迹。

天地万物被创造出以来，没有一个人和我一样，我的头脑、心灵、眼睛、耳朵、双手、头发、嘴唇都是与众不同的。言谈举止和我完全一样的人以前没有，现在没有，以后也不会有。虽然四海之内皆兄弟，然而人人各异。我是独一无二的造化。

我是自然界最伟大的奇迹。

我不可能像动物一样容易满足，我心中燃烧着代代相传的火焰，它激励我超越自己，我要使这团火燃得更旺，向世界宣布我的出类拔萃。

没有人能模仿我的笔迹，我的商标，我的成果，我的推销能力。从今往后，我要使自己的个性得到充分发展，因为这是我得以成功的一大资本。

我是自然界最伟大的奇迹。

我不再徒劳地模仿别人，而要展示自己的个性。我不但要宣扬它，还要推销它。我要学会求同存异，强调自己与众不同之处，回避人所共有的通性，并且要把这种原则运用到商品上。推销员和货物，两者皆独树一帜，我为此而自豪。

我是独一无二的奇迹。

物以稀为贵。我特立独行，因而身价倍增。我是千万年进化的终端产物，头脑和身体都超过以往的帝王与智者。

但是，我的技艺、我的头脑、我的心灵、我的身体，若不善加利用，都将随着时间的流逝而迟钝、腐朽，甚至死亡。我的潜力无穷无尽，脑力、体能稍加开发，就能超过以往的任何成就。从今天开始，我就要开发潜力。

家长要让孩子明白，做人要坚持自己的个性，保持主见，不要刻意去模仿别人，人的一生有很多事情需要去做，但最重要的任务还是做自己。

教育点：从小事上让孩子感受幸福，获得自信

当一个人没有自信时，就会看不到自己的长处和优势，有时候甚至会把自己贬低，全部否定自己，丧失了自我价值。家长们可以借助一些小事，让孩子体会到成功的愉悦，如让孩子帮助自己做一些力所能及的家务活、在学校对需要帮助的同学和老师伸出自己的双手，努力学好自己擅长的科目等。鼓励孩子坚持下去，以此来树立孩子的自信心。

再有，引导孩子接受自己——不仅接受自己的优点，也接受自己的缺点，并帮助孩子树立积极向上的生活心态。当孩子表现出“人家都……所以我也要……（和众人保持一致的行为或装扮）”的态度时，家长要让孩子知道，他人的选择不一定是适合自己的，拥有自己个性、懂得坚持自我、不盲目跟风的女孩才是最迷人的。

为女孩创造一个“民主家庭”

如今随着物质生活条件越来越好，不少孩子的成长却出现了“三大三小”现象，即生活的空间越来越大，生长的空间越来越小；房屋的空间越来越大，心灵的空间越来越小；外界的压力越来越大，内在的动力越来越小。

这些奇怪的现象，应该引起父母的注意，给孩子自由的成长空间，不是一句空话！

随便找一个学校的校门口等着，一到上学、午饭、放学的三个时间点，一定会有很多家长聚集在学校门口等候小孩。

家长们纷纷感慨，“现在的孩子真是不听话，补习班昨天又没上”，“孩子们越来越不好教育了”，“电视上的那些学习机，对我们家孩子不管用”……

真的是孩子们越来越难教了吗？还是我们的教育方式出现了问题？

程君今年7岁了，刚开始读小学。

一次，程君在姨妈家认识了一个新朋友玲玲，她比自己小半岁，但是已经学习舞蹈3年了。玲玲在家长的鼓励下表演了一段拉丁舞，这下刺激了程君妈妈的神经。

“我们的女儿成天像个男孩子，和小区的孩子们打打杀杀，不成样子。我看见老马家的女儿去学舞蹈了，跳得很有气质，不然我们也送女儿去学习？”

和爸爸商量之后，妈妈马上就给程君报了舞蹈班。

但是天生好动的程君根本不听老师的指挥，不仅上课讲话，学习也不专心。不到2周，程君就说什么也不上培训班了，妈妈在家里急得直跺脚，但眼前的“假小子”一点改观都没有。

妈妈将程君送进学校，本来是想早点培养女儿的气质，但孩子就这样被糊里糊涂送进了培训班，属于自己的课余生活突然被打乱了，因而学习的积极性也不高，妈妈想要达到的效果也完全不能达到。

程君现在正是好动的年纪，要让她安静下来，除非把她的注意力集中起来，寓学于乐。不考虑孩子的兴趣，盲目地将孩子送进培训班，并不能解决问题。

送孩子上培训班是如今的家长为孩子安排课余生活的首选。的确，很多孩子从班上学到了知识，但孩子的心灵却没有因此而变得成熟丰盈，到头来心灵还是没有得到足够的发展空间。

许多家长将培养孩子的重点放在增长知识上，为了让孩子学习，家长们不惜节衣缩食，尽一切力量来改善孩子的学习环境。

父母纯粹的爱是什么？其实非常简单，如果您真的想要孩子成长和学习，就给她空间，让她朝着健康、能干和情绪稳定的方向发展，这才是爱的真正意味。

但是父母现在的情况是，以管教和约束为方式来教育子女，这与爱的本意背道而驰。

薇薇今年高考，成绩还不错，可以挑一所重点大学。

这本来是皆大欢喜的事情，但是她整个暑假都过得不开心。原来，一家人在填报专业上发生了很大的分歧：薇薇想学自己感兴趣的教育学，但是父母总觉得新闻专业更适合女儿，他们希望她成为一名记者，于是坚决主张薇薇报新闻专业。

“这是你的人生大事，爸爸妈妈有经验，你就听我们的，我们绝对不会害你。”妈妈开导薇薇。

“正是因为这是我的人生大事，我才一定要坚持学自己喜欢的专业。你们总是说我没有经验，但是你们给我锻炼的机会了吗？从小到大，哪一次不是你们决定的，这一次我绝对不让步！”

最终，薇薇还是没能拗过家长，双方各做让步之后，薇薇报了一所离家最远的大学的新闻专业。

薇薇的反问值得家长深思。很多时候，家长都是因为“为了孩子好”这个想法，剥夺了孩子成长应有的空间，让孩子在父母设计的世界里成长。

对孩子管教过严，就像养在鱼缸中的热带金鱼，三寸来长，不管养多长时间，始终不见金鱼生长。女孩在父母的“鱼缸”中永远难以长成“大鱼”。要想女孩健康茁壮地成长，一定要给女孩自由活动的空间，而不让她拘泥于父母提供的一个小小的“鱼缸”。随着社会的进步，知识的日益增加，父母应该克制自己的想法和冲动，给女孩自由成长的空间，让女孩健康快乐地成长。

教育点：孩子的人生，由她自己做主

给孩子一个成长的自由空间，是现代教育家们共同呼吁的一项理念，其中就有著名教育家蒙台梭利。蒙台梭利将“自由教育”列入自己的基本理念，称这样的教育方法是“以自由为基础的教育法”。

正如蒙台梭利所主张的，让孩子拥有自由，首先是让他们领悟到纪律和秩序的重要性。怎样让孩子区别好坏，唯有说教显然是达不到目的的。

从一些小事上就让她自己去做决定，并让她承担因为自己的决定而带来的各种结果，久而久之，即使孩子在面对选择大学专业这样的问题时，你也可以放心地说：“这是你自己的事，你自己决定就好了。”

孩子的冷暖不应该由父母来决定

一个5岁的女孩突发高烧，被紧急送进儿童医院，医生在给孩子诊病的时候惊讶地发现，孩子穿得像个棉娃娃，除了毛衣、棉袄以外，里面还穿了一件很厚的保暖秋衣，外面还套着一件厚实的羽绒服，外加帽子、围巾、手套……经医生诊断，孩子的病完全是被家长“闷”出来的。

父母总是觉得孩子小，不知道冷暖，就凭着自己的感觉给孩子加减衣服。生活中的其他事情也是如此，总是觉得孩子还小，不懂事，于是就代替孩子做决定，帮孩子做主。殊不知，这样的行为习惯在无形中扼杀了孩子独立思考的能力和习惯，孩子只懂得“逆来顺受”，而不懂得从自己的感受出发。

只有懂得独立思考的孩子，她的主观能动性才更强，待人接物才能有自己的独特见解，不人云亦云。只有懂得独立思考的人，她的思维和见解才能更具独创性、新颖性，才能更有自己的主见，做事不违背自己的意愿，因而才可能把事情做得更好。可以说，独立思考能力是一个人在社会上立于不败之地的有力武器。

美国人就特别推崇孩子的独立思考。在美国，有一档电视节目是黑人笑星比尔主持的《孩子说出的出人意料的东西》。有一次，比尔问一个七八岁的女孩：“你长大后想当什么？”女孩很自信地答道：“总统！”全场观众哗然。比尔又问：“那你说说看，为什么美国至今没有女总统？”女孩很干脆地答道：“因为男人不投她的票。”全场一片笑声。比尔：“你肯定是因为男人不投她的票吗？”女孩不屑地说：“当然肯定！”

比尔意味深长地笑笑，对全场观众说：“请投她票的男人举手！”伴随着笑声，有不少男人举手。比尔得意地说：“有不少男人投你的票呀！”女孩不为所动，淡淡地说：“还不到三分之一！”比尔决定换一个方式来拉选票，于是假装生气地对观众说道：“请在场的所有男人把手举起来。”男人的手一片林立。比尔继续说：“请投她票的男人继续举手，不投的放下手。”比尔这一招果然厉害，很多举起手的男人不好意思在众目睽睽之下把手放下。于是，看起来投她票的男人多了许多。

比尔得意扬扬地说："怎么样，总统女士，这回可有2/3的男人投你的票了。"女孩露出了一丝与童稚不太相称的轻蔑的笑意："他们不诚实，他们心里并不愿意投我的票。"全场哑然，然后是掌声和惊叹。这就是典型的美式独立思考。

美国的孩子常说的一句话就是："I can do it."——"我能行。"这样的孩子无疑是相信自己的，因而做事才能更积极、更主动，心态也往往比较好。而缺乏独立思考的孩子，就很难自立，通常依赖性强，经不起任何挫折和变化，对新环境难以适应。对于女孩来说，拥有独立思考的能力、缜密的思维可以给人以知性、睿智的感受，从而使孩子更受欢迎。

父母可以陪女孩发现问题、探讨问题，但是应由女孩自己解答问题，因为答案是什么不重要，重要的是，让女孩有独立思考、判断的能力，她才能享受发现事理的喜悦。

水露4岁时，家门口新订制了一个大鱼缸。

一天午后太阳正斜照着，水露开心地向着鱼缸走去。突然，水露指着倒映在地上的彩虹说："妈妈，你看，亮亮耶！"

她的意思是说："怎么会有这种现象？"妈妈也充满疑惑地问她："真的耶，好奇怪喔，它是怎么来的？"

水露转着她的小脑袋，看着看着，然后说："是太阳公公让它亮亮的！"

妈妈问："为什么呢？"

水露说："对呀！太阳公公照到水里面，水再照到地上呀！"虽然水露不懂反射的原理，但是她已经在思考、观察并且推理，无形中已经启动了大脑的运作，为她日后培养对抽象事物的学习和观察能力做了很好的准备。

每个孩子都是天生的科学家，直觉渴望研究周围的世界。您不需要许多科学术语或昂贵的实验仪器，只需跟她一起寻根究底就行了。不要总认为女孩什么都不懂，其实，女孩的心灵深处绝对不是一片空白，不同年龄的女孩常常会向父母提出一串串精彩的问题。

我们在日常生活中常常看到这样的现象：有的女孩上小学时，在班上成绩很好，但是，上初中和高中后成绩下降，这种例子屡见不鲜。反之，有的女孩小学成绩不太好，进中学后成绩斐然的亦时有所见。这是什么原因呢？

一些女孩成绩下降后，父母为此迷惑不解。“孩子怎么突然赶不上进度了？”这其中的奥妙，或者说，事情发生的主要原因，是小学功课比较容易，只要顺从父母“好好用功”，女孩就能获得好成绩。而初高中课程难度逐渐加大，需要个人思考的成分日益增多，这时是女孩本人的意志，而不是父母的意志，父母便无法再左右女孩成绩的好坏了。

这是因为单纯的死记硬背不能解决学习中的一切问题，所学的功课越来越多地要求女孩独立思考。因而女孩对所学的课程不感兴趣，不肯动脑筋，就会学不懂、学不精，更不要谈做作业了。反之，如果女孩对新鲜事物能抱有强烈的兴趣、强烈的求知欲和好奇心，就会去自寻答案。

教育点：满足女孩的好奇心，培养孩子独立思考的能力

要培养孩子独立思考的能力，就要提供一些机会给孩子自己去思考，去感觉什么是对，什么是错，什么应该做，什么不应该做。

有些孩子就像个小“问题篓子”一样，总爱缠着父母东问西问，其实这正是孩子有好奇心的表现，可有些父母往往表现得非常不耐烦，爱搭不理或是随意搪塞几句。而聪明的父母则懂得把握和利用孩子的好奇心，激发孩子独立思考的潜能。

目前在家庭教育中，一些父母在无意中扼杀了女孩可贵的好奇心，这会直接影响到一个人创造性的形成。所以，当女孩向我们提出问题时，应尽量让女孩自己思考，并不失时机地肯定、表扬女孩爱动脑筋的习惯。鼓励和表扬一方面满足了女孩的求知欲，另一方面也激发了女孩的好奇心。

如果女孩提出的问题较深奥，家长自己也弄不明白，遇到这种情况，也要正确处理，而不能打击女孩爱问的积极性。正确的做法应该是，谦虚地告诉女孩：“你提的问题真好，但这个问题我也不懂，等我查完书再回答你，或者你自己查书找答案，好吗？”

保持女孩好奇心的诀窍是大人要有童心，要会换位思考。大人对女孩的好奇心不能理解，甚至不耐烦，是因为女孩问的问题，大人早就知道了，站在大人的角度，没什么可问的。

一旦家长发现女孩具有强烈的好奇心，建议家长首先要尊重女孩的好奇心，允许她提问，更要给她思考的时间。回答女孩的问题时不要敷衍女孩，要给孩子的提问以满意的回答，如果自己不懂，就带孩子一起去找答案。

家长要学会说这样一句话：“我真喜欢你提问题。”有时对孩子的提问，还可以不马上提供答案，而是进一步提出一个疑问和悬念，激起她更强烈的好奇心。如果家长一时不能提供问题的答案，但你的聆听和好奇，就能引发孩子的好奇和观察天赋。平时多指点、多给她时间思考，不要塞给她现成的答案。同时注意弹性思考。女孩跟你讨论问题时，避免脱口就说“对”或“很好”。

第四章　气质美千金难求
——高贵的气质让女孩别有韵味

气质美来源于文明礼仪

女孩应该学会优雅，不只是谈吐和举止，更重要的是性情，谈吐和举止可以一时优雅，真正的优雅来源于丰富的内心、智慧、博爱。

无论时代怎么发展，女孩都不能丢掉自身的优雅气质。

举止优雅的女孩，待人接物彬彬有礼、不卑不亢。

举止优雅的女孩，餐桌上行为得体。

举止优雅的女孩，不和父母顶嘴，不打断别人说话。

举止优雅的女孩，随时随地体贴照顾他人，尊敬和关心他人。

举止优雅的女孩，把“请”和“谢谢”挂在嘴边。

………

举止优雅带给女孩的好处非常多，它不仅赋予了女孩柔性、大气、得体之美，更为女孩成长为淑女奠定了最强有力的基础。

也许，进入成人世界的父母深深明白，举止优雅将会为长大后的女孩子带来怎样的无穷魅力。

艾斯蒂·劳达是世界化妆品王国中的皇后。她拥有几十亿美元的化妆品王国，是世界化妆品领域的主要代表。但艾斯蒂出身贫穷，并没有受过多少教育。最初，她以推销叔叔制作的护肤膏起家。为了使自己的产品能够多销售一些，她不得不走街串巷。后来，她决定将产品定位于高档次上。可是，起初她的推销却没有什么效果。后来，她终于忍不住问一个拒绝购买产品的客户："请问，您为什么拒绝购买我的产品呢？是我的推销技巧有什么问题吗？"

那位女士道："不是技巧有问题，推销要什么技巧？如果我觉得你在展示技巧，我就会将你赶出去。是你的形象不好，你根本就是一个低档次的人，让我怎么相信你的产品就是高档次的？"

这位女士的话明显带有对艾斯蒂·劳达轻视甚至污辱的成分，但聪明的劳达却兴奋异常，认为自己找到了问题的关键：那就是产品的高档次，首先在于推销人，也就是自己的高档次。她想，换成自己也会是这样，推销人员本身的档次不高，自己也确实会怀疑产品的质量和品味。于是，她决心对自己的形象进行精心改造、包装。她模仿富贵名门和上层妇女，像她们一样穿着打扮，模仿她们的举止。另外，她还注意培养自己的自信，使自己整个人看上去魅力四射。慢慢地，越来越多的人买下了她推销的产品。从此，她一发不可收，直至建立起化妆品王国。

一个人的言行举止，包括她选择怎样的服饰，都像一张名片向别人展示着自己，展示着自己的身份、修养、气质。所以，女孩要想具有优雅的气质，就需要从举手投足上注意修炼。要知道，优雅与否，无不体现在一举手、一投足，一回眸、一转身之间。

谈吐不俗，举止优雅，是一种美，一种境界。优雅，就是知道在什么时候该说什么话做什么事，怎么样说和怎么样做。

在一家咖啡馆曾发生过这样一件事。一位顾客指着面前的杯子高声喊道："小姐！你过来！你过来！"他满脸不悦，"看看！你们的牛奶是坏的，把我的红茶都糟蹋了！"

"真对不起！"服务小姐一边赔着不是，一边微笑着说，"我立即给您换一杯。"

新一杯红茶很快就准备好了。和先前一样，碟子和杯子里放着新鲜的柠檬和牛奶。小姐轻轻放在顾客面前，又轻声地说："我是不是能建议您，如果放柠檬就不要放牛奶，因为有时候柠檬酸会造成牛奶结块。"

那位顾客的脸一下子红了，匆匆喝完茶，就走出去了。

有人笑问服务小姐："明明是他土。你为什么不直说他呢？他那么粗鲁地叫你，你为什么不还以颜色？"

"正是因为他粗鲁，所以要用婉转的方式对待；正因为道理一说就明白，所以用不着大声。"小姐说，"理不直的人，常用气壮来压人。理直的人要用气和来交朋友。"

如果当时服务小姐大声指责顾客的错误，很可能会引得顾客因恼羞成怒而变得更加粗鲁，如果两个人"脸红脖子粗"地吵架，服务小姐的风度哪还可有"优雅"可谈？

优雅就是对事物分寸的准确拿捏，就是进退有度，游刃有余。好比说人脸上的笑容，冷若冰霜的人让人退避三舍，但若是笑得过于放肆，那就只能被评价为失态了。

优雅就是这样一种魅力：不温不火，不过不失，恰到好处的沁人心脾。我们知道：缺少优雅的风度，任何精致出众的容貌也都只是一潭死水。

曾有一位世界顶级的化妆师这样解释化妆的最高境界：“化妆的最高境界可以用两个字形容，就是‘自然’，最高明的化妆术，是经过非常考究的化妆，让人家看起来好像没有化过妆一样，并且化出来的妆与主人的身份匹配，能自然表现那个人的个性与气质；次级的化妆是把人凸显出来，让她醒目，引起众人的注意；拙劣的化妆是一站出来别人就发现她化了很浓的妆，而这层妆是为了掩盖自己的缺点或年龄的；最坏的一种化妆，是化过妆以后扭曲了自己的个性，又失去了五官的协调，例如小眼睛的人竟化了浓眉，大脸蛋的人竟化了白脸，阔嘴的人竟化了红唇……

“表皮上的化妆只是最末的一个枝节，它能改变的事实很少。深一层的化妆是改变体质，让一个人改变生活方式，睡眠充足、注意运动与营养，这样她的皮肤改善、精神充足，比化妆有效得多。再深一层的化妆是改变气质，多读书、多欣赏艺术、多思考、对生活乐观、对生命有信心、心地善良、关怀别人、自尊自爱，这样的人即使不化妆也丑不到哪里去。我用三句简单的话来说明：三流的化妆是脸上的化妆；二流的化妆是精神的化妆；一流的化妆是生命的化妆。”

读到这里，我们不能不感叹，对于美丽，如果一味持有机械论的观点，实在是不高明的。归根结底，优雅的风度才是对于生命最好的化妆。

优雅的气质并不是与生俱来的，而是通过后天训练达成的。据说，为了一个挺拔的站姿，奥运礼仪小姐每人头顶一本书，两腿关节处夹住一张纸，每天至少站一个小时。所以，如果想让自己的女孩练就与众不同的气质，家长们就要从生活中时刻注意加以训练。

教育点：从细节上培养女孩的举止仪态

培养女孩的举止仪态，并不需要刻意为孩子报礼仪训练课程，关键在于家庭影响，很多性格和习惯都是从生活不经意的细枝末节处形成的。

父母应该及早让女孩保持一个整洁干净的形象，告诉孩子要养成讲卫生的好习惯，脸、脖颈、手都应洗得干干净净；头发按时理、经常洗，指甲经常剪；注意口腔卫生，早晚刷牙，饭后漱口，不能当着客人面嚼口香糖；常洗澡、换衣服；站立的时候要保持良好的姿态，身体直立、挺胸收腹，忌讳无精打采、控脖、耸肩、塌腰；在正式场合不能叉腰或双手交叉；坐姿要端正挺直而不死板僵硬，不能半躺半坐，两腿间距与肩同宽，不能叉开，双手自然放在膝或扶手上，大方得体；走路要挺胸抬头，肩臂自然摆动，步速适中，忌讳八字脚、摇摇晃晃，或者扭捏碎步；与人交谈时要态度诚恳、亲切，面带微笑，使用文明用语，简洁得体，不能沉默无言，也不能自己喋喋不休，要认真倾听对方讲话，交谈时忌讳东张西望、翻看其他东西。

给女孩上上艺术课

女孩需要艺术的熏陶，但这并不是指每个女孩都要从小学弹琴，学画画，这些还是应该兴趣使然。女孩可以不擅长艺术，但却不可以不热爱艺术。艺术可以拓宽女孩的视野，增加女孩的见识，培养女孩良好的情趣。

一般，女孩3岁以后，开始对自我和环境有审美要求。到了这个年龄段会对自己的衣着等各方面产生浓厚的兴趣，有些女孩甚至更早就在这方面有了敏感性，这个时候，如果父母对女孩进行正确的指导、引导、鼓励，女孩就会对艺术产生浓厚的兴趣。

提到艺术，很多人认为它代表古典音乐、美术、雕塑、舞蹈等具体的学科，因而很多家长以为将孩子送到艺术学校，学一门才艺就算是跨进艺术的门槛了，这其实是对“艺术”一词的片面理解。我们没有必要去用学术的观点讨论艺术的定义，通俗地说，艺术是抒发、传递、调动思想情感的手段。

培养艺术领悟能力的方法之一就是学习乐器、倾听音乐、参观画展等，这一点已经得到很多家长的重视，不论孩子们是否喜爱，家长都愿意花钱将孩子送进才艺学校去受熏陶。但是这样的方式达到的效果是有限的，如果孩子自己不喜欢，反而会增加他的厌学情绪。针对目前家长和孩子面临的学艺困惑，再去强调学习一技之长的重要性已经显得有点多余，我们需要面对的已经不是孩子学习艺术的资金投入问题，而是如何让孩子与家长的相处成为愉快而祥和的艺术的问题。太多家长寄希望于乐器，却忽视了自己对孩子的艺术修养的引导作用。

希腊有个习惯，妇女在怀孕期间要观看美丽的事物，据说这是为了使孩子也能成为美丽的人。美能使人精神愉悦、情绪放松，而愉悦和舒适能使人变得更加美丽。

教育家斯特娜夫人也建议给孩子营造一个优美、舒适的室内环境。孩子的房间应选择空气新鲜、阳光充足的屋子；墙壁最好是有利于视力发展的暗绿色，上面最好挂有各种美丽的装饰，可以是名画的复制品；床要洁白，被子要软而轻；最好在桌上陈列一些孩子喜欢的雕塑。

与斯特娜夫人的主张相似的还有教育家洛克，他号召家长让孩子多接触音乐，并相信旋律可以刺激大脑的发育。

教育点一：家长要先自修

家长在孩子的生活中处处留下了痕迹，即便是孩子对艺术的理解也不例外。能够对艺术有敏锐的感知的孩子，心灵往往也敏锐纯洁，这样的心灵需要家长来呵护。说到底，还是要求家长自己有涵养。

如果家长的言语和动作都粗俗不堪，又常常在孩子面前谈论是非、吵架骂人，给孩子留下的就会是一副市井小人的形象，一方面孩子会模仿，自己成为一个缺少教养的人；另一方面，孩子的心灵也会被家长的大意损伤，这样的孩子即使面对青山绿水、天高云淡的美景也会无动于衷。

与孩子一起学习名著、排演戏剧、朗读诗文是很好的接触艺术的方式，做孩子的听众，让他在家里演奏乐器，就像开自己的演奏会一样，这是激发孩子学习的最好方式，也是让孩子的心灵得到爱的最好方式。

艺术的魅力不仅是激发心灵、调动情绪，它还能丰富孩子的灵魂，使孩子建立起一种对美的信仰和追求。有艺术修养的人，气宇轩昂、谈吐不凡，更容易赢得别人的敬重，这也是艺术带给人生的一种财富。

良好的审美也是一门艺术。美是女孩的天性，但很多女孩并不能分清真正的美丑，觉得流行、时髦就是美。甚至认为美就是擦口红，涂指甲油，喷香水，上课照镜子，手上、脚上常更换手链、脚链等。

女孩们对美存在着这样那样的误区，这就需要我们家长对女孩进行审美教育，让她拥有正确的审美观。所谓的审美观就是在远离功利的基础上，追求的一种愉悦心态。苏联当代著名教育家苏霍姆林斯基说得很明确："美育的最重要的任务是通过周围世界的美、人的关系的美而看到精神的高尚、善良和诚挚，并在此基础上确立自己的美的品质。"蔡元培先生曾说："美育，便是使人类能在音乐、雕刻、图画、文学里又找到他们遗失了的情感。"著名美学家朱光潜先生也认为："美感教育是一种情感教育。""美感教育的功用在怡情养性。""美是一个自我的循环。"

由此可见，在培养审美观的过程中，女孩最大的收获不是更好地感知和理解何为美，而是在美的享受中接受教育，在不知不觉中陶冶了性情，培养了情操，学会了以开阔的胸襟、从容的姿态面对人生。

教育点二：培养女孩正确的审美观

对于女孩的审美教育，应该如何展开呢？我们建议家长们可以从以下几个方面进行。

1. 抓住审美教育的敏感期

儿童教育家蒙台梭利认为，自然赋予正在发育成长中的生命特有的力量。一个"人"或其他有知觉的生命个体在生命的发展过程中，会对外在环境的某些刺激产生特别敏锐的感受力，以至影响其心智的动作或生理反应，而出现特殊的好恶或感受，这种力量的强弱，我们称之为"敏感力"。

蒙台梭利所称的"敏感期"是指这样的一段时期，当敏感力产生时，孩子在内心会有一股无法抑制的动力，驱使孩子对他所感兴趣的特定事物产生尝试或学习的狂热，直到满足需求或敏感力减弱，这股力量才会消失。她认为0～6岁的孩子处于感官敏感期。孩子从出生起，就会借着听觉、视觉、味觉、触觉等感官来熟悉环境，了解事物。

如果孩子房间的色彩很单调，就很难满足她对感觉的需求。这个时候我们可以注意房间雕刻品和装饰画的布置，并给女儿添置颜色鲜艳的玩具，发展孩子的色彩感觉。也可以在家里经常放一些世界知名的音乐曲目等。

2. 注意培养女孩审美的兴趣

女孩稍微长大一些时，我们可以选择绘画、音乐等方面优秀的作品给女孩欣赏。这个时期的女孩不知道什么是审美，但她们对美好的事物有一种天生的敏感和好奇，如果我们再把作品和故事结合起来，比如，可以讲一些作者的经历和故事，这样女孩就会对作品以及作者产生浓厚的兴趣，我们的美育也就慢慢开始了。

3. 鼓励女孩展开想象

想象力丰富的人，总能对于同一问题能够从不同的角度发挥自己的想象力，从多方面去思考。一个缺乏丰富想象力的人，他的思想内容是贫乏、平淡无奇的，往往只能从单一的方面去展开想象，也只能唤起极少的表象。由此可见，没有想象力的人，他的审美能力又能强到哪里去呢？要培养女孩的想象力，我们可以和女孩一起看看天花板的污渍或云朵的形状，在各自脑海中描绘出它的形象，然后彼此交换。做过几次后，就会出现效果。也可以鼓励女孩在公共汽车车厢看见某杂志周刊的广告，或是看了某本书的题目，便想象其中的内容，然后与实际的内容作比较。还可以以琐碎的小事和资料为基础，要求女孩创造出一个故事，等等。

给女孩一个中肯的形象建议

爱美是女孩的天性，大部分女孩从很小的时候就喜欢照镜子端详自己，喜欢漂亮的衣服和裙子，而且很在意别人的评价。女孩的父母们也愿意给孩子买漂亮的衣服、鞋子、头饰，把自家的女儿打扮成一个靓丽的人见人爱的小公主。然而，孩子在小的时候是没有形成一套属于自己的审美观念的，她们通常爱模仿母亲和身边亲密女性的穿着打扮，甚至是电视里自己喜欢的人物装扮。还有些爱美心切的女孩，趁父母不在家，便偷偷拿出妈妈的衣服、鞋子、化妆品，为自己“精心”收拾一番，往往弄得家长哭笑不得。所以，女孩的妈妈们，要注意从小引导女儿的审美观，给孩子一个中肯的形象建议。

一个人给人的最直观形象就是他的穿着打扮。民间有句谚语：“人靠衣装，佛靠金装。”俗语也常说：“人靠衣衫马靠鞍。”衣服是人的第二肌肤，穿一身漂亮的衣服，心情立即愉快起来，不自觉中，头扬起，胸挺起，脚步轻盈而有力，人也特别自信。服饰对人起着很大的辅助作用。

但是，不是说任何服饰穿戴在任何人身上一定都能产生美感。事实证明，服饰只有与穿戴者的气质、个性、身份、年龄、职业以及穿戴的环境、时间协调一致时，才能真正达到美的境界。正确着装，不仅能够给他人留有一个好的印象，也能给自己增添一份自信与魅力。

着装没有必要太过华丽，也不一定“跟风”就是好，干净、整齐、合适一定是最重要的，要选择那些适合自己的、能够彰显自己气质的衣服，才是正确的。另外，如果孩子过分在意他人对自己形象方面的评价，难以容忍自己身上的一些小缺陷，父母就要多多引导孩子，让孩子能够正确地审视自己。

5岁的童童突然之间不喜欢去幼儿园了，每天早上都在家里耍赖，说想妈妈不愿意离开妈妈。童童的妈妈觉得事有蹊跷，便开始和孩子慢慢聊天，终于“套”出了童童的心里话：“幼儿园的小朋友都说我头发难看，又稀又黄，我不想去幼儿园了。”

原来，童童因为从小有些缺锌，发质有些枯黄。然而妈妈却没想到，这成了孩子的不愿意上幼儿园的一个“心病”。

童童的妈妈觉得，孩子如果太在意这些小事，可能会产生自卑和胆怯的心理。于是妈妈想到了一个疏导的好办法。

“童童，你看童话书里是不是写着，温柔小公主的头发是金黄的、软软的呢？”

童童想了想说：“好像是。”

妈妈继续说道：“那小公主是不是特别温柔，特别受欢迎的呢？”

“是啊，原来我的头发和童话书里的小公主一样啊！”童童一下子兴奋起来，眼睛也亮起来了。

第二天，童童穿上了一件漂漂亮亮的裙子，跟着妈妈去了幼儿园。

也有一些家长，担心女孩太爱“臭美”，会影响她以后的心态和价值观，担心孩子养成虚荣、攀比的坏习惯。有位家长在女儿的穿衣打扮上，坚决不给女儿商量的余地，只让女儿穿自己选择的衣服，告诉孩子“你要不穿我给你拿的要不就什么都别穿”，结果孩子在妈妈的强压之下，每次只好乖乖地穿上妈妈选好的衣服。

试想，被剥夺了“臭美”天性的女孩，生活又怎能快乐？

教育点：帮女孩健康爱美

幼儿期孩子的审美观还没有定型，需要家长、老师加以引导。很多孩子喜欢打扮，喜欢“显摆”，只是为了得到家长和老师的关注，所以家长们平时应该多关注孩子的情感需求，因势利导，引导孩子形成正确、健康的审美观。此外，爱打扮的女孩往往对色彩较敏锐，家长与其一味压制，倒不如抓住孩子爱美的特点，培养孩子的审美能力。

青春期的女孩追求“美”的愿望更加强烈，“跟风”倾向也更加严重。比如，有些青春期爱美的女孩喜欢给自己的头发变换不同的颜色，但目前，大多数染发剂中都含有过敏源——对苯二胺。这种物质很容易引起红肿、发痒、湿疹等过敏症状。还有一些染发剂中含有芳香胺类化合物，这是一种致癌物质。另外，染料经皮肤、毛囊进入人体，然后进入血液，很有可能会破坏血细胞，对身体百害而无一利。如果你的女儿同样喜欢染发，家长要给孩子讲明其中的利害关系，告诫自己的女儿，染发要有节制，不能成为随心所欲、经常性的行为，否则会影响自己的身体健康。

家长要尽早让孩子知道，一个人的形象除了外在，更多的是内在，一个内心优雅的女性即使她在外貌上不够完美，也同样散发着一种他人难以抗拒的魅力。所以，家长应该由内而外，从仪容形态上培养女孩优雅的气质。当女孩使用很多化学性的物品来装扮自己的时候，家长最好能用科学的解释来制止女孩的这些行为。

第五章　女孩也是学习的料
——别让女孩输在学习上

鼓励女孩问为什么

在女孩的生活里到处充满着好奇，女孩在这些千奇百怪的想象里成长着。她总是爱问父母一些“为什么”，作为父母，应该注意保护好女孩的好奇心，不可扼杀女孩的好奇心。

琪琪一岁两个月时，有一次全家去酒店吃饭，酒店地上铺的是一种渗花瓷质砖。

琪琪指着一块地砖问：“妈妈，这是什么？”

妈妈耐心地解释说：“这是一块地砖，它用来铺在地上，又好看又容易搞卫生。”

女儿似懂非懂地点点头，又指着一块地砖问：“这是什么？”

妈妈依旧耐心地说：“这也是一块地砖。”可是女儿并不罢休，兴味盎然地指着一块又一块的地砖不停地问“这是什么？这是什么？这是什么……”，直到把所有的地砖指了一个遍，才心满意足地说：“我知道了，这些都是地砖，都是用来铺在地上的。”

这时妈妈才惊异地发现，女儿并不是在简单地重复同一个问题，而是进行从无数单个事物中发现其普遍规律的抽象思维的活动。

琪琪发现每一块地砖的花纹虽然不同，但有一个共同的特征：都是铺在地上的。

这是一个多么伟大的发现：从具体到抽象；从特殊到一般。人类认识世界、改造世界，就是这样开始和起步的。

琪琪的表现说明，好奇是孩子的天性，作为家长，你注意保护女孩的好奇心了吗？下面两个问题，请家长仔细思考后再回答。

（1）平时带女孩出去时，有没有利用女孩的好奇心启发女孩去观察、发现新事物？

（2）当女孩的问题多了以后，有没有耐心地对待女孩的好问？

如果家长回答是肯定的，那么您可能是一个合格的家长，您能够呵护女孩的好奇心。如果回答是否定的，那么家长最好对自己做一番反思。试想，您有起初的耐心回答，到渐渐地不耐烦、敷衍了事，甚至不理不睬，或者粗暴地制止……这样的态度对孩子将产生怎样的影响？

孩子正在认识世界，她渴望了解世界，而父母的态度无疑是对孩子积极性的打击，久而久之，提问总是得不到解决，她就会慢慢丧失提问的欲望，因而也丧失了一个成长的最好时机。

所有的父母都希望自己的女儿能够成才，为了给女孩努力的方向，他们不惜花钱让女孩上各种各样的培训班，向女孩讲述成功人士的成长经历，希望借此找到女孩的成才之路。但他们或许不知道，可能仅仅是对女孩兴趣和好奇心的一点点不耐烦或批评，就可能断送女孩一生的幸福。

教育点：鼓励提问，并规定每天必须问多少个问题

聪明的父母不但鼓励孩子提问，甚至规定孩子每天必须问多少个问题，通过这样做，让孩子在提问和解答中激发思维能力，学习更多的知识。

他们会告诉孩子，只要有不懂的地方和觉得不对的地方，就应该指出来，向老师请教，或是自己想办法找出答案，这样才能进步得更快。

聪明的父母还喜欢用比赛的形式激发孩子的提问能力。

> 有一对父母，规定他们的两个孩子每天上学都必须向老师提问，而且还要在课堂上积极回答老师提出的问题。用笔把这些问题记下来，每周进行一次比赛，谁提出的问题和回答的问题最多，谁就会受到奖励。
>
> 在这样的氛围中，两个孩子更加爱提问，渐渐地，他们的成绩也优于同龄孩子，尤其是一些科技类、自然类知识比同龄孩子丰富很多。
>
> 在平常的生活中，这对父母也非常乐于回答孩子们的提问，虽然两个孩子轮番攻击，这对父母也从来不觉得烦。如果孩子们的问题他们也解答不出时，他们就鼓励孩子去问老师。
>
> 可想而知，在这对父母的引导中，两个孩子不断增长了见识，还练习了思维，提高了解决问题的能力。

创造始于问题，有了问题才会思考，有了思考才有解决问题的办法。孩子们正是在这样一个不断提问、思考和解决的过程中，逐渐具备了智慧与创新能力，自然更容易达到成功！

成功往往就隐藏在一些看似微不足道的小事情上，只要你留意，你的小举动就能带来孩子的大成功！

会创作的女孩更有实力

一篇文章中这样写道："你听过蒲公英梳头的声音吗？蒲公英有一蓬金黄色的头发，当起风的时候，头发相互轻触着，像磨砂纸那样沙沙的一阵细响，转眼间，她的头发全被风儿梳掉了！

"你听到过80只蚂蚁跑步的声音吗？那一天，蚂蚁们排列在红红的枫树叶上准备做体操，'噗'，一粒小酸果从头顶落下，'不好，炸弹来啦！'顷刻之间，它们全逃散了！"

这些美妙的句子让我们心中荡漾出浓浓的感动，感动于这个世界的美好和万物的奇妙。

作为父母，我们有义务赋予女孩一双发现美的眼睛，教给她们感悟生活的点点滴滴，并用笔记下这世界的一切。要知道，会创作的女孩更有实力，当她有一天长大成人，走向社会后，她可以凭借自己的才华来拼出一片天地。

那么妈妈应该怎么样来锻炼女孩的"美敏感"呢？

要培养女孩的观察能力，引导其发现美并欣赏美。"观察是心灵的窗户"，女孩对外在世界的认知首先是通过观察这一渠道得来的。现实生活中，美丽的大自然能在女孩幼小的心灵里留下许多美好的印象，形成了她们独特的体验和感受。所以，妈妈们应多带着女孩去自然中，同时也多引导孩子观察大自然。

当然，观察的对象不一定是自然，还可以是我们生活中的任何一个小场景。带着女孩上街的时候，如果你看到很有趣的标志，很美的一个场景，或者很生动的一个生活画面，都可以和女孩交流。

父母也可以抓住童心情趣，积极创设艺术氛围。有趣的故事和好看的书，对女孩来说就像糖果一样诱人。如果妈妈的故事和语言能够充满趣味，女孩自然就能跟着发挥自己的创造力。枯燥和重复是好奇心的杀手，妈妈们千万不要总是给女孩读一些老旧的毫无趣味的教育书。

现在的市场中存在很多优秀的绘本，有可爱的图片也有简短的文字，这对于女孩来说比较合适。这种读本最好是在妈妈的引导下阅读，妈妈多根据书上的图画来问一些启发性的问题。例如看到一只流浪的小狗，妈妈可以说“让我们来猜猜这只狗刚刚经历了什么”，“它这么疲惫，一定需要吃东西”这样的话调动女孩的想象力，让女孩处于一个活跃的思维状态中。

父母还可以不拘泥形象、色彩，启发女孩大胆想象创作。想象力是人类最可贵的能力之一。对女孩来说，想象中伴随着强烈的好奇心，因为她们最富有幻想。所以，培养女孩的想象力是不能缺少的，创作离不开想象，人生的所有活动离不开创作。

女孩一开始尝试自己去创作的时候，她们的语言可能会很幼稚，她们的线条可能会很简单，色彩搭配也可能不完美。这时候，妈妈不要拿“你这不对，应该……”来评价女孩。女孩的世界中没有太多的章法，这是女孩创作的一个劣势，但对于艺术家来说，又可能是一个优势，可以毫无顾忌地表达自己的想法。伟大的艺术家凡·高有生之年一直得不到认可，就是因为当时的人们以一种保守的眼光来评价他，觉得他的画太奇怪了。等到后人发现了凡·高的伟大时，他已经消失在历史的长河中。

另外，在女孩的创作过程中妈妈们不要总是问“为什么”，因为女孩很可能是随性而做的，并没有想过“为什么”这个问题。如果每一个创作都要给出很多的原因，那么艺术品就会失去很多的美丽和神秘。女孩如果一定要想一个答案给大人，就会消耗掉很多的时间和精力，是得不偿失的。妈妈们还是像尊重艺术家一样去尊重女孩的想法吧！

接下来，我们将和家长分享两个较有创意的教育点子，希望家长能够借鉴这两种方法来鼓励女孩创作文学作品。

教育点一：鼓励女孩在家里办文学沙龙

所谓沙龙，也就是指一个高级的、有趣味的客厅聚会。父母可以建议女孩在每个周末的下午，召集一帮爱好文学、哲学或历史的志同道合的朋友，在家里聚会。大家聚在一起讲一些舞文弄墨的事情，可以讲最近在读的书，最近读到的好文章，也可以是推荐大家看的电影，还可以说说最近的国际国内新闻，甚至考古都可以搬到聚会上来讲。

当然了，由于这项活动女孩比较陌生，可以事先告诉她一些事项：

首先，如果你是沙龙的主人，就必须练就好的口才和当众表达见解的能力。然后，你要学着提高自己的交际能力，一个好的小主人必然懂得很多人的心理。她们会非常善解人意，知道每一位客人需要什么，并为他们提供应有的帮助。

开办沙龙最好事先做好充分的准备，无论是环境上的布置，还是话题的选择，都非常重要。最好是能够在客人到来之前寻找一些好的话题，热门的、容易引起讨论的，同时又是对方感兴趣的，这样才能够使聚会变得有意义。

教育点二：和女孩一起写网络博客

父母可以鼓励女孩将平时的一些感悟和心事都可以写在博客或者个人空间里。一方面，可以和朋友们分享心事和感悟；另一方面，写博客还可以提高写作水平。由于博客上允许他人评论的格式，作品也可以接受来自各方面的意见，这样一个网络空间可以任由朋友们互相质疑、切磋、促进，大家的写作水平也可以在不知不觉间得到提升。

此外，写博客还能增强女孩的自我意识。读一读过去的日志，女孩便能看清自己的成长轨迹，茅塞顿开抑或醍醐灌顶。

和女孩谈读书心得

英国著名作家萧伯纳曾说过这样一段话："两个人在一起交换苹果与两个人在一起交换思想完全不一样。两个人交换了苹果，每个人手里还是只有一个苹果；但是两个人交换了思想，每个人同时有了两个人的思想。"这段话的确精辟地道出了人与人之间交流思想的重要性、互补性。而这也同样适用于人与人之间读书经验的交流。读书经验的对撞和相互吸收能够让一个人更快地找到厚积薄发的门径。

其实读书经验并不限于孩子们之间或家长们之间的交流。如若家长和孩子有着共同的阅读爱好，相互之间交流读书心得，也是一件乐事。这样做既能够促进家长和孩子之间的感情，又能够提高孩子的阅读兴趣和知识面。

不过家长和孩子在交流读书心得时，要注意一些问题。这里给家长们举一个案例：

家长："这本书看完了？你学到了什么？"

孩子诚惶诚恐地猛摇头说："我不知道。"

家长听孩子这么一说，便很失望："你到底看懂了没有？"

孩子知道家长发怒了，嘴里开始结结巴巴说："看，没……看……"

之后，孩子是一点读书的兴趣都没了。

其实，讲心得不一定是件严肃的事，无论是家长还是孩子，看了书，总会有些想法和感想，不妨以一种聊天的方式相互交流一下。

有一位父亲只是一个普通工人。但是他喜欢给孩子搜集书本，凡是他能找到的故事书，都整理了放在孩子的小屋里。他爱读书，经常到了废寝忘食的地步。有时，他会和儿子看一样的书，他们父子便会就这本书交流一些读书心得。

时光荏苒，儿子眨眼间已经长大成人，他成了一个小有名气的记者。提起父亲，他总是心怀感激，说从父亲那里继承了丰富的知识和流畅的表达。

其实分享读书心得并不是一件困难的事，父母与子女只需要站在平等的立场上，像朋友一样畅所欲言就可以了。

分享心得其实也需要培养，如果没听过大人分享心得，孩子当然不知道该如何说出自己对书的内容的回应。因此家长不要将读完一本好书后的喜悦只藏在心里，也不必担心孩子不懂大人的感想，放心地、自在地将自己的读书心得和孩子分享，要明白一种美的阅读体验并不受年龄的限制。你读一本好书，得以愉悦情绪，孩子读来，照样可以从中收获颇丰。

因此，当你读到一本好书时，不妨推荐给孩子阅读，并且时不时交流读书心得体会。也可以去主动阅读孩子的一些书，读完之后，和孩子交流一下。这样做，你会发现，孩子在书的世界里，思想得以充盈，知识得以广博，气质得以熏陶。

教育点一：父母要多读些孩子感兴趣的书

父母与孩子交流读书心得是有条件的。父母必须要多读些女孩感兴趣的书，或者找出家长和孩子都喜欢的一些书，这样更容易和女孩谈论读书心得。比如女孩爱看几米的书，父母也喜欢看，那么大家看完之后，就可以海阔天空地讨论。女孩说喜欢几米的绘本，是因为他的画很好看，故事有趣，很少在别的书中看到类似的故事。父母可以简要给孩子介绍一下几米的画风，以及画画时的构思。至于内容方面，父母可以把自己从这些干净简单的文字中得到的感悟讲给孩子听。

教育点二：父母要依据孩子年龄来谈读书心得

有时候，父母读过一本好书后，可能会有很多感受。恨不得马上讲给孩子听。但是父母要注意一点：依据孩子的年龄来讲读书心得。给5岁的女孩讲和给15岁的女孩讲，应该有很大的区别。给年龄小的女孩讲心得时，可以多用些比喻、拟人的手法来修饰自己的语言，就像讲故事一样讲给她听。尽量让她通过想象来明白家长的读书感受。而对于年龄大点的孩子来说，父母最好能如实清晰地表达出自己的思想，可以用些深奥的词语来讲述内心感受。

第六章　腹有诗书气自华
——多读书让女孩眼光不俗

把读书变成有趣的事

对很多女孩来说，读书如一场战争，既要和自己的惰性较量，又要和家长较量。家长常常因为女孩不喜欢读书而忧心忡忡。

那么怎么才能使女孩爱上读书呢？在此，不妨分析一下女孩的心理，我们就能明白为什么她们不喜欢读书。正在上小学和初中的女孩，她们的老师经常会留很多家庭作业，她们便觉得自己没有太多时间看课外书；女孩们总觉得读课外书又不能提高学习成绩，还耽误时间；此外，女孩们的自觉性不高，也不能认识到学习对自己人生的重要性，脑袋里面就想着玩，让她们多去读一些书，简直就是压抑天性，何况家长都是以命令的语气来告诉她们:“要多读书，之后考考你。”

女孩正是有这些想法，才不喜欢业余时间读书，她们宁可看看动画片或者做些小玩意。

有一位父亲，希望女儿多读一些书，将来成为一个有才华的女子。可是女儿每次放学除了写家庭作业，就是玩网络游戏。父亲还特意去书店，买一些自认为不错的书，送给女儿做生日礼物。可是女儿却丝毫不领情，认为父亲一点儿都不了解自己。父亲为此很生气。

女孩不喜欢读书，可能是多方面的原因。家长没有必要因此而斥责她，这样只会使她对读书更加反感。家长要懂得用正确的方法提高女孩读书的兴趣，比如给女孩创造一个好的读书环境，经常带女孩去书店购买一些她感兴趣的书籍（注意不是家长感兴趣）。

当女孩初步对读书感兴趣后，家长可以给她再挑选一些内容丰富的书籍，引导她怎样去理解书中的内容，并鼓励女孩去尝试写作，用这种读写结合的方式去提高女孩独立写作的能力，激发她的读书兴趣。

不妨给女孩布置一个书屋，在墙壁上贴一些提高读书兴趣的图画，比如“读书破万卷，下笔如有神”“宁静致远”“书山有路勤为径，学海无涯苦作舟”等。

培养女孩的读书兴趣不是很难，但让她把这种兴趣转换成习惯，则多少有些难度。家长不妨督促女孩每天朗读一篇文章，让女孩有意识地识记文章中好的词语和句子。在读书中遇到问题提出疑问时，家长应尽量正确地回答女孩的疑问。在一些周末，家长可以在家中陪女孩一起读书。

教育点：爱读书的家庭，熏陶出爱学习的女孩

“我女儿就是不爱学习，怎么说都没用。又不是没有给她买书，老师推荐的课外读物，我们从来都不耽误地买回家放在她的书房，可她懒得翻，天天把学习机当成游戏机……”有些家长经常有这样的想法，似乎该做的他们真的都做了，女孩还是不爱学习，就觉得应该不是他们的责任了。

其实女孩不爱读书，跟家长也有关系。从古至今，书卷气是可以一代一代相互影响和感染的。如果孩子经常看到父母读书，她们就会不自觉地也跟着去翻一翻书，孩子有模仿的天性，慢慢就养成了读书的好习惯。等到养成了习惯，也就能从读书中找到很多乐趣。

一个爱读书的家庭中，必定有爱读书的女孩。其实人人都需要读书，就算是事业有成的大老板，或者是全职主妇，读书都不会是多余的。华人首富李嘉诚至今仍保持着读书的习惯，他本身是做学徒出身的，并没有多少文化，就是凭着自学，慢慢成为一个有长远眼光和坚韧意志的人；比尔·盖茨也有读百科全书的爱好，他每年都要给自己安排一个学习的主题，然后围绕着这个主题去读书。像这些著名的企业家们，他们依靠读书的智慧而富有，但是等到自己不再需要金钱的时候，却发现自己最需要的还是知识。

很多家长牺牲了自己的休息时间来给女孩料理生活，却从来没有想过通过自己给女孩做一个爱学习的好榜样。

同一个屋檐下，一边是麻将桌上的欢声笑语，一边是埋头学习的女孩，她怎能安心思考，怎能相信成年人的世界中最宝贵的是知识？只有当她发现自己不是一个人在学习，学习是一种人生的常态时，她才会感受到这个社会对知识的尊重和关注。

家长读书，可以是自己行业内的指导书，也可以是各种各样的社科书籍。如果父母想更清楚地了解女孩的学习状况，不妨借女孩的书来读一读。不要担心自己读不太明白，会在女孩面前丢人，如果你能向她请教，她还能不懂得“敏而好学，不耻下问”的道理？在学习当中和女孩沟通、交流，不仅可激发女孩的学习热情，还可让她感受到“原来我的学习也可以给父母带来快乐”，这对女孩来说，是证明她的价值的一刻。

家长的阅读并不一定要从四大名著、“三言二拍”这些古典小说开始，读报纸、看杂志也是一种阅读。如果女孩每天看报纸，那说明她还有读书的欲望，妈妈可以带她去书店，给她和自己都买点书来读；如果女孩连新闻都懒得看了，那就说明她的阅读兴趣已经大大被破坏了。这时候就需要妈妈根据她的爱好来刺激她的阅读兴趣。

如果她喜欢集邮，可以买一些邮票历史、常识方面的书；如果她喜欢玩三国游戏，可以买一本三国历史书，以此来开发女孩的阅读潜能。而妈妈们自己，可以挑选一些家庭养生的书、健康食谱的书、编织、园艺等，千万不要以为读书就是读康德、尼采、柏拉图，这只会打击自己和女孩的阅读积极性。

我们常说“书香世家”，可见我们相信，书有香气，可以浸染整个家庭的氛围。妈妈爱读书，女孩也会好奇是什么这么吸引妈妈，自己也会跟着效仿，找到读书的乐趣。

阅读中需要注意的问题

女孩喜欢阅读固然是好事，可是有的女孩在阅读中不免出现这样那样的问题，比如阅读的时候效率低，读过和没读过效果差不多；阅读时走神现象严重，往往拿起一本书，半天还在读其中一页；或者读一些超过自己阅读能力的书籍，结果收获甚浅。对于女孩的一些阅读需要注意的问题，咱们不妨一一道来。

1. 读书就要把握文意，将厚书读薄，薄书读厚

在中国古代有一个有趣的历史典故：南北朝时期，有一名叫陆澄的学者，此人博览群书，被称为“硕学”。然而他看的书虽然很多，却无法把握文章的含义，也没有举一反三的能力。后来就有人送给他一个“两脚书橱”的雅号，讽刺那种读书很多却不善于应用的人。

现实社会中的“书橱先生”比比皆是，最常见到的就是那些“书呆子”式的大学生，他们都掌握了丰富的理论知识，可以说是“满腹经纶”，却无法与工作或生活实际相结合，面对紧迫的就业形势，他们只能“高不成低不就”，处于尴尬的境地。

某银行新招进来一位计算机专业的大学本科毕业生，单位让他负责计算机的日常维护和基础管理工作。但是这人不能将自己所学的理论知识与实际工作有效地结合，遇到问题只是在书中找，从来不懂得向老同事、老师傅请教。他总是认为自己学历高，对现在的工作不屑一顾，结果工作 5 年了连简单的维修都不会。

无独有偶，英国曾有一个叫亚克敦的人，一生嗜书如命，家中藏书 7 万余册。他用毕生的经历不知疲倦地阅读，直到 66 岁那年去世也没有取得有创造性的成就。

这样的人如同一泓清泉流经沙漠，只有吸入，却没有喷出。读书不理解，不应用，相当于吃饭不消化。

在引导女孩读书的过程中，作为家长应该注意的是要关注女孩的读书效率。有些家长有过这样的经历，给女孩买了很多书，女孩也认真在读，但是读过之后却说不出全书的内容和读后的收获。这就反映出了女孩的阅读是没有效率的。

把书读厚，一句话中可以体味到无穷的含义。把书读薄，把握住要领才能活学活用。读书的过程就是一个先把书读厚再把书读薄的过程。孔子说：“学而不思则罔。”在读书的过程中要不断领会深一层的含义，才能把学到的知识转化成智慧和能力。如果读书只是囫囵吞枣，死记硬背又不求甚解，即便读的再多，这种知识也是死板和僵化的。

2. 对不同年龄段女孩的阅读指导

0 ~ 3 岁：

家长可以让女孩多接触一些色彩鲜明的识物卡片，墙上贴满各种各样的挂图，总之，让她接触一些形象化、简单化的书籍，让书籍初步走入她的视野。

4 ~ 6 岁：

父母可以给女孩讲一些短小精美的故事，主要以儿歌、神话、寓言为主，有条件时也给她买些有声读物，但一定要到正规书店选正版的。这个阶段，引导孩子将读书当作一种游戏，对读书产生兴趣。

这一阶段，也可以适当地教给孩子一些简单的古诗，像李白的《静夜思》之类的即可。

这个时候的孩子年龄小，极容易受到外界环境的影响，父母要注意让孩子远离那些成人化的音像制品。

6 ~ 12 岁：

女孩已经上小学了，这时期家长的阅读引导应该由感性的浅易文学向科学类转移了，可以给她们选些专门为这个时期的孩子编写的一些科普类、社科类的读物。也可以选择一些文学类儿童读物，如《安徒生童话》《格林童话》《伊索寓言》《一千零一夜》等。同时要根据她的阅读兴趣来为她选择合适的书籍。

12 ~ 16 岁：

这一时期，可让女孩读一些小说和人物传记，比如《红楼梦》《西游记》《水浒传》《三国演义》等图书。这对提升女孩的语言和认识，树立正确的人生观很有好处。给女孩找一些名人传记，让她从名人身上学到更多东西，用榜样的力量来激励自己实现梦想。

3. 几招有效的方法，对付女孩读书时的心不在焉

有些女孩看小说很入迷，可是一看到课本或其他稍微枯燥一点的书便心不在焉，开始“神游”。结果手里拿着书，书中的内容却印不进大脑。家长不妨教给女孩们集中克服走神的好方法。

（1）自我提示法。写几张小卡片，在上面写上“专心听讲”“不要走神”“少壮不努力，老大徒伤悲”这样的句子，然后把它们放到平时容易看见的地方，如铅笔盒里，写字台前的墙上，或者夹在课本里。这样，每当要走神的时候，就能及时提醒自己：不要走神！

（2）情景想象法。无论多爱走神的同学，在考试的时候还是能够比平常更集中精力，认真作答，以求获得一个好成绩。因此，每次做作业的时候都想象自己是在参加一次很重要的考试，并要在规定的时间内完成，这样就可以使自己紧张起来，注意力自然就能集中了。正如著名数学家杨乐所说：“平时做作业像考试一样认真，考试就能像做作业一样轻松。”

（3）记录法。给自己准备一个小本子，专门用来记录走神的内容。比如，今天看数学课本时想昨天的电影了，那就在本子上记录：“数学——电影——约五分钟”……这样记录几次之后，你认真看一下自己的记录，就会发现自己的胡思乱想很无聊，浪费了宝贵的时光。渐渐地，你会对走神越来越厌恶，记录在本上的内容也会越来越少。

（4）自我奖惩法。每次读书时，给自己定个时间表。如果在规定时间内完成了任务，并且始终是专心致志的，就可以奖励自己一下：看会儿电视或是听会儿音乐；如果你因为走神而没有完成任务，就惩罚自己，如干家务或者跑楼梯。长此以往，你就会为了得到奖励、避免惩罚而逐渐养成集中注意力的好习惯了。

除此之外，家长还要告诉女孩在读书时尽量找安静的地方，使自己不受外界干扰。还要注意劳逸结合，列宁曾说过："不会休息的人就不会工作。"

教育点：父母教给孩子一些正确的读书方法

语言学家傅佩荣说过："书中的文字是死的，需要在读书的过程中加以理解和欣赏才会变得生动和有活力。读书的过程就好像是在乱石堆中寻找璞玉，并且使这些璞玉发挥光彩。"

读书如果只看字面的意思，就会错过很多内含的哲理，家长要让孩子学会正确的读书方法，才不是在做无用功。有的放矢、循序渐进地培养他们良好的阅读习惯，让他们终身受益。

1. 读书要和个人体验相结合

有句话讲的好"尽信书不如无书"，如果完全相信书中所描述的，那还不如不读书更好。这种说法的用意在于：除鼓励我们读书之外，还不能忽视个人的亲身经验，不能用书本中所说的垄断一切对事物的认知。

2. 培养专心阅读的习惯

家长应该给孩子创造安静的阅读环境，阅读时要避免外界干扰，并且培养孩子养成默读的习惯，避免"小和尚念经，有口无心"。家长还要有意识地让孩子带着问题去读书，去思考，在书中找答案。可以在孩子读过一本书之后，让他来复述书的大意，和孩子就某些问题进行讨论，增强孩子读书的目的性和自觉性。

3. 边读边想边动笔

古人说"不动笔墨不读书"，读书的时候伴随着积极的思考，用笔在书上圈一圈、画一画，随时记下自己的想法，能收到很好的效果。在读书的过程中伴随着动手和动脑，更有助于抓住全书的重点、深入理解、加深记忆。在读书的时候做摘录、记笔记，对于积累知识、丰富语言和活跃思维都十分有利。

4. 借助工具书阅读

工具书是不说话的老师，孩子在课外阅读的时候遇到不认识的字或是不明白的词，查阅工具书是最好的途径。因此，家长要重视培养孩子使用工具书的习惯，面对孩子提出的某些问题，自己又不是很清楚，应及时引导孩子到工具书中去找答案。

女孩擅长的事情——背诵经典

现在的家长都非常重视女孩的英文学习，从上幼儿园开始就给女孩报双语辅导班。然而有很多家长，从来没有重视过文言文的学习，认为古文这些东西已经是非常过时了的，在社会上没有什么实际作用，更由于中国的历史自“五四”以来，胡适等人提倡新文学，将文言文打入了“冷宫”，使古文的这些精粹被打上了“迂腐无用”的标记，实际上这样的认识是大错而特错。

女孩小时候的学习，最重要的是吸收能力，像海绵一样，把有用的东西都装在头脑里。多让女孩接触中国历经千年的古文精华，可以让她们感受到古文的美感。另外，儿童时期是记忆的黄金时期，这时背诵过的古文古诗，可以牢记在心。

有的家长会怀疑：女孩毕竟很小，古文的内容又很深奥，读了背了却不理解，那不是白背了吗？实际上，女孩在背的时候不理解是肯定的，我们也不需要她们来理解，只要让女孩感受到语言的美感，能够体会到读诵的愉悦感，能够深深记在脑子里就足够了。女孩将来有一天是会长大的，她会用几十年的人生阅历来懂小时候背的这些东西，随着她将来经历的增加，理解也就越深刻。

诺贝尔物理学奖的获得者杨振宁先生也提及求学时期学习文言文对他的影响是终生的。他在念中学的时候，父母要求他背《孟子》，他当时并不了解其中的意义，只好勉为其难，把整本《孟子》装载记忆之中。在他成年之后，《孟子》中的话居然成了他做人处世的基本原则，在他的心中形成了一套价值体系。每当他面临重大的人生抉择时，都会从孟子的话中得到答案。因此，影响他最深的，并不是他所专长的物理学，而是两千多年前的孟子思想。

杨振宁博士在科学研究中的重大思路也是得力于中国古代文化理念：他之所以怀疑 O. Laporte 的奇偶不变定律，是和他大学时读《易经》的心得有关。《易经》中讲阴阳消长、阳盛阴衰，促使他怀疑奇偶不变定律。可见在文言文经典中蕴含的无限潜力。

几年前，华中师范大学曾设立了一个课题组，将小朋友分为两组，其中让一组的小朋友每天坚持诵读古文。坚持了一段时间之后，发现诵读古文的小朋友在上课时会更加集中精力，反应也更快。可见，诵读古文还有助于提高学习效率。

教育点：带领女孩一起诵读经典

中国的文字原本就蕴含着艺术美，周作人先生说：“中国文字具有游戏性、装饰性与音乐性的特点。”让女孩大量地背诵古文中的经典，而不是让女孩把时间浪费在一些平庸之作上，经典的摄受力内化她们的内心，陶冶她们的情操，有助于建立正确的认知，形成良好的品格。

著名学者南怀瑾先生对中国目前的教育现状提出过自己的看法。现在的学习按照西方的模式，根据小孩子理解力的发展来设置课程，所以小孩子的读物也是根据他们的理解力来设置的。教小孩子念“小猫叫，小狗跳，猫叫狗跳好热闹”这种语言，虽然小孩子可以读得懂，但是这种教育没有深度，没有任何文化内涵，这种教育方法流传到现在，流弊非常之大，导致今天的中国文化断层很严重。处在最佳记忆时期的儿童，即使不引导他们记住有价值的经典作品，他们也会去背广告词，背流行歌曲，因为重点不在理解，而在记忆。让儿童自小接触最有价值的书，不管懂不懂，这些内容不仅会存入大脑记忆，而且会烙印在潜意识里，而潜意识的妙用在于能直接地、默默地、自然地影响人类的思维和行为，在不知不觉中完成了文化教育的目的。

教女孩读古文最好的方法就是诵读，把诵读古诗当作唱歌，体会到其中的韵律感就好。讲解一定要简单，简要解释一下这篇文章的意思，将重点的词解释一下就行了。对美好的句子还可以再反复品味。

可以在学习中体会到，朗读和背诵仍然是学习古文古诗词最经典的方法。经典的古文有益于人格智慧的培养，有益于文学造诣的提高。让女孩从小就接触最有价值的书，不管文章的难易程度，让女孩多念以至多朗诵背诵。这样的学习不仅不会给人造成压力，而且还会潜移默化地影响人类的思维和行为，陶冶性情。女孩的这种学习看似是“有口无心”，其实在没有压力的前提下轻松达到了文化教育的目的。

近年来的脑神经研究已经有了相当的突破，研究认为，理解力基本是左脑的活动，潜在层次的活动就在右脑。背诵记忆不仅不妨害理解力，而且会促进理解力的发展。而具有旋律和韵律的背诵不仅可以增强理解力，而且会加强背诵的效果，并投入内心的深处。女孩在念古文的过程中，不仅能够体会到音韵的美感，同时还可以通过文字的视觉来刺激右脑，而辨别字体是左脑的工作。所以整个的诵读过程实际上是动用了左右脑的功能，使左右脑的开发同步。在学习过程中，如果左右脑是同时作用的话，学习效率将提高2～5倍。因此，诵读文章、背诵古文古诗的作用不仅是陶冶情操，增强文化底蕴，还可以开发智力。

现在有很多的西方学家也开始注意到了中国传统背诵教育法的优点，瑞典汉学家高本汉说：“中国学生即使在低年级里，必须背诵几种大部的经典，并须熟记历代名家所作几百篇的文章和几百首的诗歌。结果，对古代的历史和文学，又产生一种崇敬的心理，这实在是中国人的一种特色。这种积累起来的大资产以供中国作家任意地使用，在文辞上自然能得到有效的结果。”

第七章 没有人忍心伤害天使
——有爱心的女孩更幸福

女孩的善良天性需要保护

曾经看到过这样一个故事：

一个雨天的早晨，我把孩子们送到学校后顺便去了一家快餐店，点了早餐。几张桌子上都是没有收拾的纸杯、盒子和法式炸土豆条。

一位年轻妇女与一个五六岁的女孩走了进来，她们坐下点菜时又进来一个人，背微驼，穿着一件破烂的上衣。他缓慢地走向一张狼藉的桌子，慢慢地检查每个盒子，寻找残羹剩饭。当他拿起一块法式炸土豆条放到嘴边时，女孩对母亲窃窃私语道：“妈，那人吃别人的东西！”

“他饿了，又没有钱。”母亲低声回答。

“我们能给他买一个汉堡包吗？”

“我想他只吃别人不要的东西。”

当女服务员递给母女俩两袋外卖食品时，女孩突然从她的袋里拿出一个汉堡包，咬了一小口，然后跑到那人坐的地方，把它放在他面前的桌上。

这个乞丐很惊讶，感激地看着女孩转身、消失。

当我离开饭店时，看见蓝蓝的天空正从铅灰色的云朵下面露出来。

一个汉堡包并不值多少钱，但孩子咬了一口，然后递给了乞丐，这个汉堡包就是无价的了。它的无价之处，是因为那里面藏了一颗爱心，一颗善良的种子。小女孩的行动给很多人带来了快乐，给旁观的“我”，给她的母亲，给乞丐，也给她自己。我们不难想象长大后的小女孩一定会活得有价值，因为她善良。

学会保护女孩表现出来的一点点善行，激发她们的爱心，终有一天女孩长大成人，会具有令人欣赏的爱心和善意，彻底与冷漠无缘。

每个女孩的心里都住着一个天使，只要我们学会呵护，那善良的光芒就永远不会熄灭。

教育点：从日常生活的点点滴滴呵护女孩的善良天性

父母平日要多关注女孩，对于她的一些善行要加以鼓励表扬。如果您的女孩缺少善心，您可以从以下几个方面入手，来培养她的善心。

1. 爱护动物

家长不妨喂养小狗、小猫等宠物，并让女孩在亲自照料小动物的过程中，学会体贴入微地关爱生命。此外，也可以鼓励她利用自己积蓄的零用钱来“领养”动物园里的动物，或捐款拯救濒临灭绝动物。

2. 同情弱者

这是对女孩进行“善良教育”的另一重要内容。鼓励女孩积极主动帮助那些生活中有困难的人，比如帮盲人、老人过马路，为身有残疾的同学排忧解难等。

3. 宽容待人

这是“善良品质”的一个重要方面。教育孩子在与人相处中“将心比心”后，学会宽容他人的错误，这样她不仅会具有善良的品质，并且还会拥有很多朋友。

4. 故事引导

父母可以经常给孩子讲一些关于“善良”的故事，或者给孩子买一些塑造美好品质的故事书，也可以让孩子多看一些宣扬善良的电影。比如法国电影《天使艾美丽》就是一部可以熏陶孩子善心的绝佳影片。

珍视女孩的同情心

在崇尚个性自由发展的今天，女孩的某些个性也在不适当地“膨胀”。她们凡事以自我为中心，却不懂得怎样去关爱别人。比如，当看到别的小朋友摔倒了，她还会在一旁幸灾乐祸；看到路边的蚂蚁，会毫不犹豫地踩踏；看到小花，会顺手折断……

很多妈妈不禁要问，现在的女孩为什么会有这样的表现呢？其实，这正和妈妈自身的行为有着密切的关系。有的妈妈对女孩一味满足，一味迁就，百依百顺，女孩就会容易养成自私、任性的性格。另外，有的妈妈对别人的困难和不幸总是无动于衷，她们不欣赏也不理解女孩的同情行为，怪她多管闲事，久而久之，女孩就会感受不到人间珍贵的友情，幼小的同情心就这样在无形之中被扼杀了。

妈妈是女孩最早模仿的对象，女孩同情心的发展需要妈妈的言传身教。由于女孩的年龄小，模仿性强，具有高度的可塑性，所以一方面妈妈要培养女孩文明礼貌的行为习惯，另一方面妈妈也要提高自身的修养和素质，为女孩树立良好的榜样。天才卡尔的母亲的育子方法值得我们每个母亲学习。

有一天，琼丝独自在家，她把她养的一只小狗拴在屋外的院子里。不久，天下起雨来，但琼丝并没有把小狗带到室内来。小狗在外面“汪汪”大叫，冰冷的雨水使它浑身发抖。

这时，她的母亲从外面回来，看到这种情况，赶忙将小狗牵到了屋里，并立刻质问琼丝。

“琼丝，你为什么让小狗在外面淋雨？”

“我……我忘记把它带回来了。”

“可是，你没有听见它在叫你吗？”母亲听她那样说非常生气，因为她知道女儿在撒谎。

“我想它在外面没什么！”女儿为自己辩解道。

“没什么？那么把你也放在外面去淋一会儿雨，你愿意吗？”

“不愿意。”

“琼丝，你自己不愿意，为什么要小狗去淋雨呢？你看，天气这么冷，小狗也会生病的。把小狗放在冰冷的雨水中，这是多么残忍啊！假若有谁让你去淋雨以致生病的话，妈妈该有多么伤心呀！”

听了母亲的话，琼丝低下了头。她承认是自己错了，并表示以后再也不会这样，一定会爱护小动物。

琼丝的母亲就是这样从生活中的一些小事开始，一点一滴地培养女儿的同情心的。相信所有的妈妈都希望自己的女孩长大后能成为一个具有同情心的人。虽然年龄小的女孩还不懂得同情的真正含义，但是妈妈可以鼓励和教育女孩去关心、帮助他人，将同情心的种子种在女孩的心里，让它茁壮成长。

具体来说，可参照以下办法予以引导。

教育点：不想让她孤独，就让她学会同情别人

1. 鼓励女孩关爱别的小朋友

女孩在 1 ~ 2 岁时，尚未形成“自我”概念，对自身感觉和他人的感觉不能区分出来。比如，别的小朋友摔了一跤，哭了，她也会露出痛苦的表情，跟着哭起来。女孩出现这种现象，妈妈不能取笑她或责怪她。虽然女孩因为年幼而分不清自己的痛苦与他人的痛苦，但这是她日后产生同情心的重要心理基础。假如不能设身处地地体验他人的苦痛，同情心也就不可能产生了。

因此，要让女孩多与同龄人接触，鼓励女孩多帮助有困难的小朋友。女孩做了帮助别人的事情就要及时给予表扬，让女孩真正明白助人为快乐之本的道理。

2. 培养女孩对动植物及物品的爱护

女孩在玩耍的时候，会很自然地给玩具赋予生命，和它们说话。父母在培养女孩的同情心时，可以利用她们的这一心理特点。比如，当女孩在折树枝时，妈妈可以以小树的口吻说：“哎哟，我的胳膊好疼呀！呜呜……”妈妈模仿小树的哭声，很容易使女孩在情感上产生共鸣，这时再因势利导，让女孩想想自己的身体如果受伤了会有什么样的感受，引导她们去体会别人的痛苦，理解别人的感受。

3. 引导女孩关心体贴长辈

在家中，可以培养女孩对家长的体贴和关心。比如，帮爸爸倒杯水，给妈妈递东西，吃水果的时候挑大的水果给爷爷奶奶等。每当女孩这样做的时候，妈妈都要及时地给予肯定和赞许，为女孩感到自豪，让女孩察觉到自己做了符合道德标准的事，以产生积极的情感体验。

同时，让女孩有更多的机会接触家人以外的成人。可以带女孩到邻居家串门，在小区里遇到熟人亲切地进行交谈。让女孩学习与别人和睦相处、互相帮助。所有这一切都会每时每刻影响着女孩，使她们从小培养起与人友好相处，对人具有同情心的情怀。

4. 通过游戏情境培养女孩的同情心

游戏是女孩最主要的活动形式。因此，妈妈可以通过游戏促进女孩的情感发展，培养她们的同情心。可以通过角色游戏，让女孩扮演病人、医生、爸爸、妈妈等角色，体验生病时的痛苦，体会医生给人治病的快乐，感受妈妈做家务的辛苦、爸爸下班归来后的劳累等，从而懂得要热爱、关心自己的父母，同情、帮助有困难的人。

另外，也可以玩其他的情景游戏，如在下雨的时候和没有雨伞的人共撑一把伞、在拥挤的公交车上给需要帮助的人让座等，以此来培养女孩互助友爱的精神，使女孩懂得只有众人快乐才是真正的快乐。

帮助别人和接受别人的帮助都是幸福的

父母要培养女孩帮助他人的好习惯，教育女孩，使她懂得帮助他人其实就是在帮助自己。

帮助他人摆脱痛苦和不幸，会使女孩变得高尚而慷慨；时常为他人着想，会丰富女孩的生活，提升女孩的修养。

有一位妈妈是这样启发女儿助人为乐的：

香香一家住在一楼。这个夏天的某个晚上，香香回家后，偶然发现阳台的灯亮着，她以为是妈妈用后忘记关了，就进去要把灯关掉，但被妈妈拦住了。她很奇怪，她的妈妈就指着窗外让她看。

顺着妈妈手指的方向，她看到窗外的路边有一辆装满垃圾的三轮车，车上坐着捡垃圾的夫妇，他们正沐浴在阳台投射出的温润的灯光中，边说笑边开心地吃着东西。看着灯光中的那对夫妇，香香与妈妈相视一笑，悄悄退出了阳台。

香香的妈妈不失时机地悉心教育女儿，告诉女儿，帮助别人其实只是一种举手之劳。帮助别人，快乐自己。

当然，父母不仅要告诉女儿帮助别人是一件乐事，而且要告诉女儿：千万不要认为接受别人帮助，会显得自己懦弱无能。其实接受别人帮助，也是一种让人愉悦的行为，朋友之间更深入地交往很可能就会由此开始。

一位妈妈曾经给女儿讲过这样一个故事：

那次我出差，车内已经站满了人。门开了，随着挤车的行列上来一个小男孩，他手里拎着画板，肩上背着重重的双肩包。

男孩站在打卡机处，画板和身后的书包将过道堵死了，也让男孩在拥挤的车厢里站立不稳。

我主动提出帮这个孩子拿东西。男孩却不愿接受我的帮助："不用了，我自己拿着就行了。"

司机回头看看我，确定是位阿姨。然后跟男孩说：

“让阿姨帮你拿着吧。”

谁知男孩坚持不肯，还说：“我绝对不能依靠别人！”

这真是一个要强的男孩。

车行了半小时，司机实在看不下去，在他的坚持下，男孩才勉强让我帮忙拎着书包。

当他将要下车时，我将他的书包和画板递给他，他一直没有说出那声“谢谢”，也没有喊一声“阿姨”。

或许要强的孩子其实内心里并不情愿接受我的帮助，觉得有损他“男子汉”的尊严。

但我想对他说：孩子，有时候欣然接受别人的帮助，大声地说一句“谢谢您”，也是一种美德！

母亲讲完这个故事，告诉她女儿：当我们有能力为别人提供帮助时，不要吝啬自己的帮助；当我们需要帮助时，请用一颗感恩的心欣然接受别人的帮助。要知道，爱与被爱同样重要。

有些女孩可能觉得接受别人帮助有损自己的面子，她们可以施舍给别人，可以救济别人，但不能接受别人的帮助。这种行为貌似强大，其实不然。

爱是双向的，帮助别人的人会获得一种成就感，同样被帮助的人也能因他人的一臂之力，使自己摆脱困境。这又是何等的快乐。如果一个倔强的孩子不肯接受他人的帮助，势必会挫伤别人和她的关系，也许最终会成为孤家寡人。

教育点一：引导孩子有效地帮助别人

父母引导孩子助人为乐可以从以下一些方面入手。

（1）父母要想让女孩知道如何帮助别人，就应当在日常生活中鼓励她为他人着想，站在别人的角度来想问题。积极行动起来，从一些细节入手来帮助他人。如平时在公交上给老人让座；当同学在学习上遇到难题时，主动告诉他如何解答；当小伙伴受欺负时，要站在正义的一边……

（2）解释原因。就像女孩得由大人告诉她们打人、骂人是很不好的一样，她们也有权利知道帮助别人是多么好的一件事。父母可以多说些这样的话："如果你也把你的芭比娃娃让妹妹玩，她会很开心，并且她会认为你是个好姐姐！""如果你帮老奶奶过马路，虽然是举手之劳，但她会觉得好幸福。"

（3）家长要做榜样。女孩很容易模仿家长的行为！家长如果总是教育她，要她乐于助人是没用的。家长身体力行最有效。

（4）培养女孩对周围人事与情感的敏锐，并让她们尝试做一些力所能及的事。例如：假设哥哥或弟弟不舒服，或狗狗生病了，让她去照顾，在这些过程中，她会了解什么是"帮助"，并从中体会到帮助别人的快乐。

教育点二：告诉女孩：用一颗平和的感恩之心来接受他人的帮助

有的女孩不喜欢别人帮助她，这时家长不妨给她提供三种态度：第一种是用感谢的心情接受，然后也积极主动帮助更多的人；第二种是不但不接受，而且很反对；第三种是不但拒绝，而且怀疑别人的好意。问问女孩，她属于哪一种心态。告诉她有率直心胸的人一定会用第一种态度，以感谢的心情，接受别人的帮助。如果一个人不能接受别人善意的帮助，不仅是个人的损失，也是他人的损失。时间长了，别人就会远离这种孤傲的人，自然而然，她的朋友会越来越少，而她以后的路也会更加艰难。